# 新教师快速成长的22个关键

主　　编◎ 王向华　王向红
参编人员◎ 江　丽　李　波　唐艳红
　　　　　　王向华　王向红

天津出版传媒集团

天津教育出版社
TIANJIN EDUCATION PRESS

图书在版编目（CIP）数据

　　新教师快速成长的 22 个关键/王向华，王向红主编.
-- 天津：天津教育出版社，2024.1
　　ISBN 978-7-5309-9061-2

　　Ⅰ.①新… Ⅱ.①王…②王… Ⅲ.①师资培养—研
究 Ⅳ.①G451.2

　　中国国家版本馆 CIP 数据核字（2023）第 255072 号

## 新教师快速成长的 22 个关键
XINJIAOSHI KUAISUCHENGZHANG DE 22 GE GUANJIAN

| | |
|---|---|
| 出 版 人 | 黄　沛 |
| 主　　编 | 王向华　王向红 |
| 选题策划 | 吕　燚 |
| 责任编辑 | 吕　燚 |
| 装帧设计 | 郝亚娟 |

| | |
|---|---|
| 出版发行 | 天津出版传媒集团<br>天津教育出版社<br>天津市和平区西康路 35 号　邮政编码　300051<br>http://www.tjeph.com.cn |
| 经　　销 | 新华书店 |
| 印　　刷 | 天津融正印刷有限公司 |
| 版　　次 | 2024 年 1 月第 1 版 |
| 印　　次 | 2024 年 1 月第 1 次印刷 |
| 规　　格 | 16 开（710 毫米×960 毫米） |
| 字　　数 | 200 千字 |
| 印　　张 | 12 |
| 定　　价 | 46.00 元 |

# 前　言

　　什么是新教师？不同的人有不同的见解。经总结，可以归纳为两大类。第一类，新教师的"新"主要体现在新入职的"新"上，是指根据年限而言，任教1～3年的教师。该类新教师因入职时间不久，存在着教育教学经验不足、技能欠缺、专业化水平不高等问题。第二类，新教师是指身处"新"时代，在"新"的理念指导下，改革自己的教育教学行为，采用"新"的方法、技术、内容等，达成"新"的教育教学目标。该类新教师的"新"体现在"新"教育理念及其指导下的一切"新"的教育教学行为，如新课程改革理念、核心素养目标、信息技术教学手段、分层作业等都是具体表现。本书涉及的"新教师"兼顾了以上两种观点，不仅指入职不久（1～3年），而且指用新的教育教学理念去指导教学行为，使其快速成为符合新时代需求的教师。

　　本书主要从建构教育教学关系、提升基础性教育教学技能、备好课、上好课、提高专业化发展水平等五大专题22个关键，来阐述如何促进与引导新教师的快速成长与发展。

　　专题一：建构教育教学关系。新教师首先需要建构教育教学关系，尽快适应社会所需要的教师职业角色。本专题主要探讨5个关键。一是新教师需要建构与自身的关系，分析角色转变难的原因，采取有效举措，完成从学生到教师的角色转变。二是新教师应建构与所在学校的关系，了解所在学校的各个部门及其职能、了解并参与所在学校的校园文化建设、了解并遵守所在学校的规章制度，尽快适应学校。三是新教师应建构与学生的关系，遵循四大基本原则，选择合适的途径，建立和谐的师生关系。四是新教师应建构与同事的关系，对同事进行正确定位，应用相关的心理效应、加强同事之间的团结协作，使用小妙招建立良好的同事关系。五是新教师应建构与家长的关系，开展有效的家校合作。

专题二：提升基础性教学技能。新教师应提升基础性教学技能，为从事教育教学工作奠定基础。本专题主要包括4个关键。一是新教师苦练基本功，说得一口标准普通话、写得一手好字、画得一手好简笔画，为站稳讲台奠定扎实的基础。二是新教师通过了解信息技术教学的发展阶段、掌握一定的信息技术教学理论、灵活运用网络教学平台与工具性软件、优化多媒体课件制作等来优化信息技术教学。三是新教师了解教学机智的内涵与外延、关注教学情境的复杂性和多变性、采取不同的教学机智表现方式、加强教学经验的积累，有效提高教学机智能力与水平。四是新教师遵循学生评价的基本原则，灵活采用多样化的评价方法，积极推进学生评价改革。

专题三：备好课。备好课是"上好课"的基础与前提条件。本专题主要涉及4个关键。一是全面了解学生情况，重点阐述学生的身心发展特征、学习基础、特殊学生情况等。二是全面把握所教课程的教学目标，包括教学总目标与学段教学目标、学期教学目标、单元教学目标、课时教学目标。三是主要从学期教学内容、单元教学内容、课时教学内容等方面去全面分析把握教学内容。四是阐述新教师选择教学方法的6个主要依据以及9种常用的教学方法。

专题四：上好课。课堂教学是学校教育教学工作的重心，上好课是新教师最基本的工作职责和工作任务。本专题主要包括4个关键。一是课堂导入，犹如乐曲的"引子"，是上好课的第一步。新教师要遵循课堂导入的基本原则并灵活运用课堂导入的主要方法，做到导入巧妙，不拘一格。二是新知传授，这是上好课最重要、最核心的环节。新教师通过安排好新知传授的时间、激发学生积极参与学习、及时处理纪律问题、及时鼓励与表扬学生、制定课堂纪律契约、有效使用肢体语言等方面来提高新知传授的有效性。三是课堂作业，能帮助学生巩固当堂课所学新知，是上好课的重要环节。新教师通过符合课程标准、调动多种感官参与、激发学生兴趣、尊重个体差异、注意分量适当、重视分层评价等方面做好课堂作业分层。四是课堂总结，犹如乐曲的"尾声"，是上好课的回味与升华。新教师要遵循课堂总结的基本原则并灵活运用课堂总结的方法，尽量做到精心设计、总结全面。

专题五：提高专业化发展水平。为了积极应对当前教育教学改革的新挑战与新要求，新教师需要不断提高自身专业化发展水平。本专题包括5个关键。一是要重视教学反思，采用适当的反思方式，对自己的教育教学实际情况、具体实施过程不断总结经验、发现问题、分析原因、优化提升。二是根据学校的安排或自己主动拜师学习，积极参与拜师学习的整个流程，重视"团队"师傅的指导、师傅与新教师的共学共研、师傅与新教师共同实现发展诉求等新动向。三是主动自学，制订学期学习计划、选择合适的书籍、撰写学习心得，提高自学效果。四是积极参与培训，通过选择适合自己的培训内容、积极参与线上培训等方面来提高培训成效。五是积极参与校本教研，重点做好集体备课与说课等教研活动。

"建构教育教学关系"专题由湖南师范大学教授王向红撰写，"提升基础性教育教学技能"专题由湖南信息学院副高级教师王向华撰写，"备好课"专题由湖南师范大学教科院研究生唐艳红撰写；"上好课"专题由湖南应用技术学院副教授江丽撰写，"提高专业化发展水平"专题由湖南应用技术学院副教授李波撰写，全书由王向华、王向红设计章节、审核、定稿。在撰写过程中，参考和引用了许多专家、学者的有关成果，在此一并深表感谢。

本书在撰写风格上力求：在写作目标上，通过五大专题22个关键为新教师快速成长提供理念与方法的引领与启迪，为实际操作提供相关的引导与启示；在写作内容上，力求知识性、可操作性与可读性兼备，相关理论、方法与实际操作相结合，相得益彰；在写作形式上，根据相应的专题与主题内容，附录相关的"拓展阅读"，引导新教师理论与实操相结合，改善教育教学行为，提高教育教学能力。

本书适合广大中小学新教师、教育管理人员，初等、中等教育专业的本专科学生、研究生，及关心教育的各界人士阅读。尤其对新教师，或即将进入教育领域的本专科生、研究生，有助于引领他们建构教育教学关系、提升基础性教育教学技能、备好课、上好课、提高专业水平，改变教育教学观念，提高教育教学技能。由于水平有限，不当之处在所难免，衷心希望广大读者谅解和指正，以便日后修订完善。

# 目 录

## 专题一　建构教育教学关系

　　新教师首先要建构教育教学关系：一是要建构与自身的关系，完成从学生到教师的角色转变；二是要建构与学校的关系，尽快适应学校；三是要建构与学生的关系，建立和谐的师生关系；四是要建构与同事的关系，形成良好的同事关系；五是要建构与家长的关系，开展有效的家校合作。

# 专题二　提升基础性教育教学技能

教学技能是教师在课堂教学的各个环节中，依据教育、教学理论和专业知识，运用教学方法，将知识传播给学生，使其智力发育和能力增益等全面发展的一系列行为方式。对于新教师而言，提升基础性教学技能有助于成为社会所需要的教师角色，提高教育教学能力，促进自身与学生的发展。

# 专题三　备好课

　　备好课是"上好课"的基础和前提条件。备课主要分析学生情况、教学目标、教学内容、重点难点、教学方法、教学实施、作业设计、板书设计、课后反思等方面。这里根据新教师的需求，主要涉及备学生、备教学目的、备教学内容、备教学方法、备教学过程（课堂教学具体实施过程的预设）。

# 专题四　上好课

　　课堂教学是学校教育教学工作的重心，主要包括课堂导入、新知传授、课堂练习和课堂总结等依次递进的4个基本环节。上好课是新教师最基本的工作职责和工作任务。上好课需要在课堂导入巧妙、新知传授有效、课堂作业分层、课堂总结全面这4个方面下功夫。

# 专题五　提高专业化发展水平

为了积极应对当前教育教学改革新挑战与新要求，不断提高教育教学质量，新教师需要不断学习和成长，提高自身的专业化发展水平，破茧成蝶。新教师要积极采取行动，从"教学反思、拜师学习、主动自学、参与培训、校本教研"5个方面去发展自我、超越自我，不断提高自身的专业化发展水平。

# 专题一
# 建构教育教学关系

新教师首先要建构教育教学关系：一是要建构与自身的关系，完成从学生到教师的角色转变；二是要建构与学校的关系，尽快适应学校；三是要建构与学生的关系，建立和谐的师生关系；四是要建构与同事的关系，形成良好的同事关系；五是要建构与家长的关系，开展有效的家校合作。

# 关键01

## 转变角色

新教师刚刚迈入中小学校园，亟须建构与自身的关系，对他们而言，最困难的莫过于从"学生"到"教师"的角色转变。一方面尚未摆脱"学生"旧角色的稚气，另一方面却要以"教师"新角色走进校园，踏上讲台，担负起教书育人、为人师表的重任。无疑，新教师从"学生"到"教师"角色转变存在一定的困难，需要一个过程才能完成角色转变。导致新教师角色转变难的原因是什么呢？如何促进新教师角色转变呢？这里通过探讨这两个问题，为新教师提供借鉴与启迪。

### 一、新教师角色转变难的原因

#### 1.新教师没有做好相关准备，没有能力转换角色

新教师经历了六年小学、六年中学、多年大学专科或本科，有的甚至还接受了几年硕士研究生教育。新教师在十多年接受教育期间，一直扮演的是"学生"角色。作为学生，其思维和行为模式主要是接受和理解教师传授的知识，即主要是一个接收者；而作为教师，新教师在课堂上不仅扮演着面对所有学生的知识传授者角色，而且需要针对不同学生的学习能力和理解程度，采取有针对性的教学措施，并根据学生的学习情况反馈，及时调整教学进度和方法。因此，新教师在课堂上扮演的是"教师"这个角色，兼有知识传授者、指导者和服务者等内涵。显然，从"学生"到"教师"，仅从课堂教学来看，扮演的角色就发生了巨大变化。然而绝大多数新教师在知识、能力、素养方面并没有做好准备，既没有能力

转换"学生"角色，也没有能力向"教师"角色转变。

**2. 新教师对教师角色认知不清，难以主动进行角色转变**

刚入职场，新教师对教师角色的期待或定位缺乏正确的理解和认识，不清楚作为一个教师，应该做什么以及如何做。也就是说，新教师对自己"扮演"的教师角色认识不清、定位不明，处于迷茫状态，难以从原来的"学生"角色转变成"教师"角色。

新教师角色模糊，其外在表现为新教师对自身角色的认知和定位不符合教师整体职业要求。例如，做"有理想信念、有道德情操、有扎实学识、有仁爱之心"的"四有好教师"；做学生的"四个引路人"，即做学生锤炼品格的引路人，做学生学习知识的引路人，做学生创新思维的引路人，做学生奉献祖国的引路人。如果新教师没有主动顺应新时代主题，没有适应国家及教育发展战略需要，对自身个体角色及其应负的使命职责认识不清，没有认识到新教师个体角色需求与国家、教育发展战略的整体要求之间的辩证关系，就会导致新教师角色认知与定位偏离教师整体职业角色规范的应然要求，加深新教师在认知上的模糊感及在转化行动上的无措感。

**3. 新教师疲于应付，没有时间、精力进行角色转变**

做教师是个劳心劳力的苦力活，要付出艰苦的脑力劳动和体力劳动。新教师除了上课、批改作业、考试、评卷、组织课外活动和家访外，还得处理班务，进行个别教育，保证学生安全，处理无法预见的偶发事件和参加形形色色的达标活动……作为新手，新教师教育教学工作经验非常不足且不熟悉学生和学校环境，不得不疲于应付。鉴于新教师的身份特征和教育教学环境的特殊性，他们的教育教学工作任务一般是"指派性"的，在工作开始之前，他们的任务多数已经安排好，任教的学科和班级都已经分配好。新教师由于认识和解决问题的能力不强，面对个人主观需要与客观现实之间的矛盾，往往无所适从。想有所成就，但又不知从何下手；想回归平凡，但又不甘于平庸；想坚持梦想，但在现实中常常碰壁；主观上想驾驭现实，但实际上又力不从心。新教师，因工作、人际、生活等多重负担不得不疲于应付，没有时间与精力进行角色转变。

### 4. 新教师处于焦虑与压力等心理状态中，阻碍角色的转变

新教师一入职，就面临着从"学生"到"教师"的角色转变。两种社会角色特征迥然不同：学生是知识接收者、受教育者、被指导者等，教师是社会代表者、教育者、指导者等。显然，作为教师，责任意识更强，要求更多、更高。例如，作为学生，在课堂上偶尔走神儿，甚至整节课"神游天外"，只要没有妨碍其他学生，都无大碍。然而，作为教师，课堂上每分每秒、每个环节都要高度集中精力与注意力，不仅要把自己的课讲好，而且要时刻密切关注学生的点滴变化。对于新教师而言，稍有不慎，都可能出现纰漏。由坐在课堂下的听课者和旁观者，变成站在讲台上的讲课者和主导者，悠然自得的心态被处事细致、认真周全的心态取代。这种心态的变化让新教师倍感疲惫，妨碍角色转变。

另外，社会对教师角色期望太多、要求太高，给新教师带来一定的心理压力，阻碍新教师角色转变。社会对教师角色的期待主要有：作为传道者，教师被期望在道德观念上要正统，代表一种公认的最高道德标准，具备社会要求的一切正统道德思想信念；作为授业者，教师被期望学识最渊博；作为示范者，教师被期待行为规范完美；作为学生管理者，教师被要求待人处事公平、公正、公开；作为父母代理人，教师被期望在师生关系上像父母一样热爱学生；等等。过多过高的社会期待使教师社会角色理想化，给新教师带来很大心理压力。新教师把自己的现实情况与社会期待的教师角色要求进行比对，发现两者之间存在着自己难以逾越的鸿沟，越来越觉得压力很大，阻碍角色转变。

## 二、新教师角色转变的积极对策

### 1. 新教师积极参与入职培训，促进角色转变

新教师要顺利实现学生到教师的角色转变，必须积极参加入职培训。一是新

教师从思想高度上认识到教师培训的重要性，充分认识到入职培训是新教师提高自身教育教学理念、技能、素养的良好机会。新教师应从了解入职培训对于自身健康成长的重要意义，应转变观念，从思想上纠正为考试而学、为任务而学、为学分而学的片面认识。新教师充分认识参加教师培训是《中华人民共和国教师法》规定的一种权利和义务，参加入职培训应成为新教师自觉的行为。二是新教师在培训过程中，优化学习方式，积极参与小组研讨与个人发言，贯彻理论联系实际的原则，提高入职培训的质量。通过培训，新教师不仅要掌握基本的教育科学理论与知识，帮助新教师树立现代教育观念，形成合理的知识结构和认知结构，而且要具备一定的教育教学能力，在教育教学技能、学生与班级管理等方面得到实质性的提升。

**2. 新教师充分认识到教师角色的复杂性，促进角色转变**

新教师应充分认识到，"教师"不是一种角色，而是一种特定的职业角色的集合。教师角色在教育教学实践中，体现出多元化或多维性的特征。也就是说，"教师"作为一个庞大的角色集合，包含了一系列相互联系、相互补充，有时还相互冲突的角色。而关键是，这个角色集合的外延边界在时空上具有弥散性和模糊性。

新教师首先要了解"教师"这个角色集合，可以分为三个方面：教师与同事交往的角色，教师与学生交往的角色，教师与学生家长交往的角色。例如，新教师与同事交往，至少扮演着同行、同伴、朋友、领导（或下属）等角色；新教师与学生交往，至少扮演着教育教学的组织者、学生学习的指导者、课堂的管理者、课程的评价者、思想品德的教育者、学生学习的楷模等角色；新教师与学生家长交往，至少扮演着学生教育的合作者、家校冲突或矛盾的调解者等角色。新教师在实际的教育教学工作环境中，要了解"教师"角色集，才能熟练地扮演某种角色，同时扮演多重角色及在不同角色之间顺利转换。

**3. 新教师提高角色意识，促进角色转变**

新教师刚入职不久，行为上还没有完全摆脱学生角色的习惯或惯性思维。加之新教师刚从高校毕业进入学校，前后的主要环境具有同质性——都是学校，都是培养人的教育机构。新教师为了解决他们正在扮演的"教师"角色和还没有确立的"教师"角色意识与潜意识中的"学生"角色相冲突，应提高新教师的角色意识，促进角色转变。不然，新教师常常迷失于这种"教师"与"学生"的角色冲突之中。新教师只有明确自身的角色意识，才能有效进行角色转变，才能规范好角色的行为。例如，当新教师明确自身的角色意识后，才能明确他们应该如何与学生、同事和学生家长交往。反之亦然。例如，新教师与学生交往时，常常忘却了自己是他们的老师，自觉不自觉地把自己摆在学生的位置上，以学生的角色规范行事，其后果是作为教师的角色任务肯定难以完成。新教师往往因为在学生面前"不把自己当老师"而导致教育工作低效。

新教师提高自己的角色意识，关键在于通过自己主观努力，不断提高自我。新教师重视角色学习，不断提高自己的角色领悟水平。角色领悟水平高低，直接影响着新教师对角色的价值取向与目标追求。新教师通过开展角色学习，领悟角色期望的正确含义，掌握角色行为的规范要求，明确教师职业行为规范，树立正确的世界观、人生观与价值观，积累相关知识与培养角色能力，促进角色转变。

### 4. 新教师纠正教师角色偏差，促进角色转变

新教师还要纠正教师角色偏差，促进角色转变。新教师在从事教师职业之前，从书本上、媒体上、感性认识上对教师角色有一定的认识。新教师入职后，经过亲身实践，发现原有的教师角色认识与实际的具体教师角色不同。于是，新教师就产生了教师角色认识的偏差。错误的教师角色认识如果得不到及时纠正，就会被新教师当成正确认识固定下来，难以实现角色转变，将直接影响新教师的专业成长。为了纠正教师角色偏差，新教师应合理调整自己的角色行为。转型时期，社会对教师的角色期望日趋复杂。教师应根据各种期望的正确性、合法性、可行性及自身条件，建立起一套角色系统。当面对多种角色行为需求时，能分清先后主次，合理安排。新教师还要有效抵制非本质角色行为

的诱惑。纷繁复杂的现代社会给人带来种种诱惑，因此，新教师应培养起自尊、自强与自律的精神。新教师在任何时候都要热爱教育、热爱学生、为人师表、不断进取；在任何场合都能头脑清醒、理智处世、遵纪守法、防微杜渐，以教师角色应有的高尚品格抵制一切非本质性的角色行为对本质性角色行为的冲击，促进角色转变。

总之，新教师实现自己职业角色转变是必需的，尽管这个过程可能有长有短，但是，既然选择了教师这个光荣而伟大的职业，就应该勇敢地面对这个新挑战。新教师要积极地锻炼自己、全面提升自己的素质，尽快完成角色转变，承担起教书育人、为人师表的重担。新教师只有积极而勇敢地完成这个转变，才能为自己的职业生涯发展奠定扎实的基础，之后的职业道路才会越走越宽、专业发展越来越顺畅。

# 关键02

# 适应学校

新教师进入中小学工作，应尽快建构与所在学校的关系，尽快、尽早适应学校。根据新教师的实际情况与需求，主要包括三个方面：一是了解所在学校的各个部门及其职能；二是了解并参与所在学校的校园文化建设；三是了解并遵守所在学校的规章制度。

## 一、了解所在学校的各个部门及其职能

新教师要了解所在学校的各职能部门及其职能，并与自己的工作联系起来，了解自己的工作与哪些职能部门相关，尤其是自己需办事或寻求帮助时，可及时

找到相关部门与相关人员。

一般而言，一所学校的校级领导主要有校长、校党委书记、1～2名副校长、校工会主席、纪委书记等成员。中层职能部门有学校办公室、教务处（教导处、教学科研处）、总务处（后勤处）、学生处（德育处）、年级组、学科组、大队部（小学）、团委（中学）等机构。每个职能部门都有特定的职能，每个岗位的人都有特定的职责。例如，大队部的职能主要是组织少先队入队仪式，选举大队长、中队长、小队长等，周会升旗，组织开展少先队活动，等等。

新教师重点了解与自身教育教学工作密切相关的教务处（教导处、教学科研处），其主要职责如下：

（1）在校长的领导下，负责制定和实施学校教育工作的三年或五年规划和学期计划，通过各种途径全面提高学生的素质，提高学校的教育教学质量。

（2）严格执行教育行政部门的有关规定，开齐开足各门功课，统筹、协调好每学期教学工作，认真制定课程表和作息时间表，严格按课表上课。安排好教师调课、代课等工作。

（3）指导教研组制订工作计划，检查和指导相关执行情况。组织教研组长认真检查教师的教学教案、作业布置及批改情况，开展听课、评课活动，召开座谈会，分析教学质量，改进教学方法。

（4）组织开展校本教学研讨活动，安排各种公开课、校际交流课、校级实践课的开设工作，积极开展教学工作的对内宣传和对外宣传报道工作。

（5）组织学科质量调研、期末考查及考查后质量分析，做好教学方面的有关统计工作，做好学期、学年和专项活动的总结工作。

（6）严格学籍管理。做好学生的编班、报到注册、升留级、转学、休学、复学、毕业、奖励、处分等教务工作，建立并管理好学生总名册、学籍卡、毕业生登记表、学籍存根等学籍档案工作。

（7）指导组织学生的操行评定，指导组织优秀学生和优秀干部的评定、表彰和违纪学生的处理工作。

（8）指导督促图书室、阅览室、电教室、实验室工作，充分发挥教学辅助作用；负责筹划书刊、资料、教具、体育器材和其他教学设备的添置，督促有关部门管理和使用。

（9）组织教师进修，安排好教师教育理论学习、业务学习和教学研究活动，注重培养青年教师，培养各学科教学骨干，加强对教学方法和学习方法的研究和指导。

拓展阅读：

### 某小学德育处的岗位职责①

1. 组织教师学习和贯彻国家教育方针、德育纲要和上级有关教育工作的指示，制订并实施学校德育工作计划，指导班主任制订并实施班队工作计划。

2. 加强德育工作队伍建设。与工会、共青团、少先队组织密切配合开展师德教育，提高教师职业道德水平，管教管导、教书育人。

3. 抓好《小学生守则》和《小学生日常行为规范》的贯彻实施，安排好学生的思想政治教育和日常行为规范的训练活动，规划并实施校园文化建设，建立稳定、协调、高效的教育秩序，树立良好的校风和学风。

4. 组织指导对学生的评优、表扬、奖励工作，指导班主任做好学生操行等级评定。召开班主任例会、总结交流工作经验，组织并实施文明班级的评选工作。

5. 组织开好家长会议，指导班主任与家长联系，办好家长学校，积极开展社区教育活动，建立好学校、家庭、社会三结合的教育网络。

6. 组织安排全体学生的美育、劳动技术教育活动，积极开展学生的社会实践活动，指导少先队工作，并共同开展有关活动，定期培训学生干部，组织好节假日活动，召开学生与教师座谈会。

7. 做好招生、毕业生升学指导工作，对往届毕业生进行追踪调查，分析反馈信息，改进教育工作。

8. 健全全校学困生帮教工作，建立帮教档案。

---

① 学校岗位职责．［EB/OL］．https://wenku．so．com/d/8ab91fd48577c8a33d477a1b9167409c？psid＝416f1cacdd9416d1e3960c1c989454ad．

9.加强各部门德育工作的检查、评估，制定各部门德育考核细则，每学期考核一次。

## 二、了解并参与所在学校的校园文化建设

校园文化是校园的一种独特氛围，是学校建设与发展的基础，是学校历史与文化的积淀。校园文化的风格常常是学校特色的外化、标志和符号，是学校特色、特点的灵魂，在学校教育中有着广泛而深刻的内涵，对全校师生产生潜移默化的影响。新教师一入职，就要全面了解所在学校的校园文化，有效使用校徽、校歌、学校标志等共同的文化符号，遵循校风、学风、教风、校训"三风一训"等共同的文化理念，秉承校纪班规等共同的行为规范，促进新教师与学生、新教师与同事、新教师与家长之间的合作、协调与共同发展。

### 1. 所在学校的校训

新教师重点了解所在学校的校训，让校训引领、规范自己的教育教学行为。校训是一所学校校园文化的重要组成部分，是学校的文化灵魂，是学校精神的集中体现，是办学理念的高度概括，是全校师生的行动指南。例如，武汉市新河街学校的校训是"每天进步一点点"，具有深远的历史渊源和深刻的现实意义。其历史渊源可以追溯到《礼记·大学》中"苟日新，日日新，又日新"，表达了保持每天都有新进展的意思，突出了对"每时每刻"的进步。荀子在《劝学》里谈道"不积跬步，无以至千里；不积小流，无以成江海"，强调了积累对进步的重要作用。该校训还体现了教书育人和文化育人的统一。学校以"进步"为抓手，坚持推进并落实立德树人的根本任务，营造校园进步氛围，提高教育教学的质量。该校训还体现了推进"五育"融合，将文化育人渗透到"五育"之中，让学生在进步文化中实现全面发展。学校无论是人文环境还是自然环境，都体现了追求进步的校园文化，焕发师生进步的活力。

### 2. 所在学校的校徽

新教师重点了解所在学校的校徽，理解校徽的设计内涵，从而规范自己的教育教学行为。校徽是一所学校校园文化的重要组成部分，象征学校本身的视觉

外化符号，是学校理念的一种图形化表现形式，是学校精神的物化表现，是学校思想特色、文化个性的外在展示，是学校品牌推广的重要名片。校徽激励着包括新教师在内的全校广大师生奋发向上，对形成优良的教风、学风和校风有着极其重要的作用。例如，重庆市育才中学校徽是相互绕在一起的三个红色圆圈。该校徽是陶行知创办育才学校时设计的，沿用他的解释："圈有三种德性：一是虚心，代表学习；二是不断，代表工作；三是精诚团结，代表最后胜利。第一个圈，表示全校一体；第二个圈，表示世界一体；第三个圈，表示宇宙一体。而且学校、国家、宇宙是相互联系，息息相关，绝不可能把它们彼此孤立起来。"几十年来，该校徽激励着全校师生不断发展，育才中学已成为全国知名学校。

**3. 所在学校的校园文化活动**

新教师要重点了解所在学校丰富多彩的校园文化活动，积极参与其中，获得归属感与成就感。校园文化活动是校园文化的主要内容，主要涉及课堂教学之外的活动，包括各种社会实践、社会调查、社会公益活动、社团活动、兴趣爱好活动及其他各种有组织的文体、文娱活动，有助于营造生机勃勃、积极向上的文化氛围，不断提升科学文化素质和思想道德素质，培养团队精神、合作意识、坚忍不拔的意志力、拼搏精神。新教师可以根据自身的兴趣爱好与特长，积极参与、组织相关的校园文化活动。

拓展阅读：

**教育部——积极推进中小学校校园文化建设①**

根据《教育部关于大力加强中小学校园文化建设的通知》，明确规定从以下方面积极推进中小学校园文化建设。

1. 全面开展校风、教风、学风建设

要在规范办学行为、继承优良传统的基础上，遴选和集成社会的先进文化，弘扬主旋律，大力营造优于社会环境的独特氛围，使教育和引导体现在细微之

---

① 教育部关于大力加强中小学校园文化建设的通知. [EB/OL] http://www.moe.gov.cn/s78/A06/s7053/201410/t20141021_ 178233. html.

处，体现在师生之间、同学之间相互关怀和关心之中，体现在班级、团队组织的温暖和鼓励之中，体现在高年级同学对低年级同学的爱护和帮助之中。扎实开展师德教育，建设热爱学生、为人师表、教书育人、钻研教法、不断探求的优良教风，倡导教师关注每一个学生每一天的学习生活，及时鼓励学生的进步，及时发现并解决每一个学生遇到的困难和问题，让学生在校园都能健康快乐地成长。加强对学生的教育和引导，落实好《中小学生守则》和《中（小）学生日常行为规范》，建设勤奋努力、积极向上、认真诚信、充满兴趣、乐于探究的良好学风，倡导学生把准备为祖国和人民做贡献作为学习的目的，把对知识的兴趣和追求作为学习的动力，爱动脑、勤动手、上好每一节课、完成好每一次作业。认真抓好班级和团队工作，建设团结友爱、互相帮助、快乐和谐、健康向上、争做主人的良好班风，倡导营造充满正气的浓厚氛围，引导学生自己的事情自己做好，他人的事情帮助做好，集体的事情一起做好。

2. 组织开展形式多样的校园文化活动

要精心设计和组织开展内容丰富、形式多样、吸引力强、调动学生主动参与的校园文化活动。充分利用好"五四"青年节、"六一"儿童节、"七一"建党纪念日、"十一"国庆节及教师节等重大节庆日，"九一八""南京大屠杀"等国耻纪念日，清明节、端午节、中秋节、重阳节等传统节日，设计、开展丰富多彩的活动。利用入学毕业、入队离队、入团、成人仪式等有特殊意义的日子，开展主题教育。坚持每周一次的升国旗仪式，发表紧密联系学生实际、内容生动具体的国旗下讲话。保证学生每天一小时体育活动，重视课间特别是大课间体育活动，使学生既放松身心、增强体质，又增进对同学、对集体的情感。保证共青团、少先队每周的活动时间和条件，注重教育教学活动与团队活动有机结合，支持团队组织发挥自身优势开展好已有的品牌活动，并鼓励结合实际创新活动形式。强化课后科技、艺术、体育、娱乐活动，广泛组织多种类型的兴趣小组和学生社团活动，每学年都应组织体育运动会和各种形式的艺术节、科技节及读书、读报、演讲等活动，积极推广优秀少儿歌曲，开展多种形式的歌曲演唱活动。少数民族地区的学校还应结合本民族的文化、风俗和节日，开展具有民族特色的校园文化活动。开展校园文化活动，要尊重中小学生的身心特点，充分考虑他们的年龄差异、地域差异和个体差异，切合各地实际，既体现知识性、科学性，更突出趣味性、娱乐性，最大限度地调动发挥学生的积极性、主动性和创造性，反对形式主义。

3. 重视校园绿化、美化和人文环境建设

要把校园建成育人的特殊场所，充分利用校园的每一个角落，营造德育的良好环境和氛围，使校园内的一草一木、一砖一石都体现教育的引导和熏陶。要从本地自然环境和条件出发，有条件的学校应在校园内栽花种草，绿化、美化校园，还可以开辟小种植园、小养殖园，不具备绿化条件的学校也要加强校园环境建设，使整个校园干净、整洁、美观、有序。要对校园人文环境进行精心设计，充分发挥学生的主体性，鼓励学生积极参与校园环境的设计、维护和创造。学校的校训、校歌、校徽、校标等设计要体现学校特点和教育理念，有条件的中小学要建好校史陈列室和共青团、少先队室。要充分利用板报、橱窗、走廊、墙壁、雕塑、地面、建筑物等一切可以利用的媒介体现教育理念，如张贴、悬挂革命领袖、英雄人物、劳动模范、科学家、艺术家等杰出人物的画像和格言，制作、设计介绍家乡自然风光、风土人情、建设成就的图片和文字，绘制、创作引导学生勤奋学习、健康生活、养成良好行为习惯的卡通人物形象等，特别是鼓励、展示学生自己创作的作品，引导学生从确立远大志向做起，从增强爱家乡的情感做起，从规范行为习惯做起，培养良好的思想品德。有条件的中小学要发挥校园广播站、电视台和网络的作用，不断拓展校园文化建设的渠道和空间。

## 三、了解并遵守所在学校的规章制度

学校规章制度对全体师生行为起规划与引领作用。新教师要了解并遵守所在学校的各项规章制度，并与自己的工作联系起来，让制度成为自己的教育教学工作指南与行为依据之一，有利于促进新教师尽快建立正常的工作、学习和生活秩序，以及协调各方面关系，规范自身教育教学行为，提高教育教学工作的效能。

例如，某新教师不清楚课后服务到底该怎么做，除了向其他教师请教以外，还可以查阅学校关于课后服务的相关制度，明确规定的制度条文为新教师提供行动方案：坚持家长学生自愿原则，教师不能强迫学生参与课后服务，应由家长根据家庭所需向学校自愿提出课后服务书面申请；课后服务以有组织的社团活动及其他学习活动为主，不得将课后服务作为学校教学的延伸，不得进行集体补课；等等。

一般而言，学校的规章制度包括两大层次。一是教育部、教育厅、教育局等各级教育行政部门制定的关于学生、教师、教育教学工作等相关制度，如《新时代中小学教师职业行为十项准则》《中小学生守则》《中（小）学生日常行为规范》等等。该层次的学校规章制度相对而言，比较宏观，所有学校及其师生都必须遵守。二是所在学校根据上级的相关制度及学校的实际情况制定的各种具体的规章制度。一般而言，新教师至少要了解以下所在学校的规章制度，以指导、规范自己的教育教学行为，明确自己的权益与义务。

**1.学校章程**

学校章程是学校规范办学、自主发展的基本依据，是学校内部治理的纲领性文件，是现代学校制度的载体和体现。学校章程的制定应遵循"合法性""权威性""稳定性""特色性"原则，主要包括"学校的基本信息""内部治理结构""师生权利义务""学校与社会关系"等内容。

**2.党建工作制度**

主要包括党员大会制度、"三会一课"制度、党员学习制度、党风廉政建设责任制度、党员年度考核制度，等等。

**3.教职工岗位责任制度**

从学校整体目标出发，明确各个职能部门和各个岗位的具体任务、职责、标准及其权益，促进"责、权、利"三者的有机统一。

**4.教职工结构工资制**

根据教职工的岗位、职务、职称及工作量、工作业绩的不同，确定不同的工资待遇。教师工资一般由基础工资、岗位工资、职务津贴、奖励工资等部分组成，充分体现"多劳多得、创效多得、重责多得"的原则。

**5.德育工作制度**

以培养学生良好思想品德和健全人格为根本，以促进学生形成良好行为习惯为重点，以落实《中小学生守则》为抓手，将党和国家关于中小学德育工作的要求落细、落实，着力构建方向正确、内容完善、学段衔接、载体丰富、常态开展的德育工作制度体系。还包括一日常规制度、纪律处罚制度、心理辅导制度等。德育工作制度有助于促进德育工作专业化、规范化、实效化，努力形成全员育人、全程育人、全方位育人的德育工作格局。

**6.教师管理制度**

主要包括备课、课堂教学、课后辅导、课程考试、学生考核等教学工作常规管理细则，课堂管理、学生成绩管理、学籍管理、毕业生管理等教学管理制度，教师培训制度、集体备课制度、听课评课制度、教研活动制度、教育科研工作制度等促进教师专业发展制度，教学工作评估、出勤、教学规范、教学质量、教师职称评聘与晋升、教师离职等教师管理制度。

**7.安全工作制度**

主要包括防溺水、防交通事故、防食物中毒、防火灾、防踩踏、防一氧化碳中毒、防校园欺凌制度；落实校园安全管理风险、安全教育培训、安全隐患排查、安全管理岗位职责制度；加强疾病防控，预防传染病制度；落实视频监控全覆盖、"一键报警"和防冲撞设施配备标准，加强校园安保力量配备制度等。

**8.家校共育工作制度**

主要包括家长委员会制度、家长学校制度、家长会制度、学校开放日制度、家访制度，等等。

**9.后勤服务制度**

主要包括食堂管理制度、校舍宿舍管理制度、实训室管理制度、学生接送管理制度、教育教学与体育设施设备管理制度、财务制度、资产管理制度，等等。

拓展阅读：

## 某学校的教师日常管理条例①

1. 以身作则，为人师表

（1）教师应坚持社会主义办学方向，执行国家教育方针，忠诚人民教育事业。

（2）教师自尊自重，语言文明，礼貌待人，身体力行，以身作则。

（3）穿着整洁、大方，不穿奇装异服，不袒胸露怀，不穿超短裙、超短裤进教室。

（4）养成良好的个人卫生习惯，不乱扔杂物。保持办公室或集体场所的卫生，督促学生保持校园、教室、办公室和专用教室等卫生区域的卫生。

（5）不酗酒闹事，不接受学生家长请吃请喝，不有意识让学生赠送礼物；不参与赌博，不到不健康的场所逗留或娱乐；发现学生有吸烟、酗酒或到不健康场所玩耍的行为要及时制止、教育。

（6）教师在任何公共场所、环境下都要举止端庄、仪表大方、不卑不亢，不失教师人格。不得让家属、亲戚、朋友干预学校正常工作。

2. 明理诚信，团结协作

（1）教师之间要互相信任，互相帮助，互相支持，互相学习，诚心待人，不背后说别人坏话、议论他人，不搞小动作。

（2）讲道德、讲修养，学习、生活、工作要遵纪守法，按制度办事，说话讲道理，办事讲原则。

（3）胸怀坦荡，宽宏大度，彼此间有意见、有看法应通过正当渠道解决，及时消除分歧，达到取同存异。

（4）同事之间与人为善，助人为乐，互相理解，诚心诚意帮助解决生活、工作中的问题。

（5）思想端正，作风正派，做人光明磊落，对学校工作或领导有意见，及时采取正当渠道反映或直接面谈，禁止捕风捉影、散布流言、乱造舆论、蛊惑人心。

---

① 教师管理规章制度.［EB/OL］. https://www.ruiwen.com/gongwen/zhidu/798344.html.

3.遵纪守法，严于律己

（1）要学法、懂法、守法，坚持依法办事，遵守社会公德，遵守公共秩序。

（2）积极学习有关教育法规，增强依法治教意识，严格遵守学校的各项规章制度，做到不迟到、不早退、不旷课、不旷工、不旷会，严格履行请假手续。

（3）严格执行学校的各项决议，尽职尽责地完成自己的工作任务。随时接受学校及上级领导对自己工作检查指导，对自己工作中出现的问题不隐藏、不掩饰、诚恳汇报、积极修正。

（4）严格遵守纪律，工作、学习、开会时间严禁闲谈、干私事，做到不逃岗脱岗，不擅离职守，要高效率地工作。

（5）明确学生是学校的主体，要热爱、尊重、了解、严格要求学生，教育教学一切活动要面向全体学生。承认学生有差别，要因材施教，对学生以正面教育为主，不挖苦，不打击报复，不体罚或变相体罚学生。

4.善于学习，勤奋工作

（1）积极参加各种政治学习和业务学习活动，学习马克思列宁主义、毛泽东思想、邓小平理论、"三个代表"重要思想、科学发展观和习近平新时代中国特色社会主义思想，学习党的路线、方针和政策，学习教育理论知识，不断提高自身思想政治素质和业务水平。

（2）积极认真地完成教育教学常规工作，善于总结经验教训，发挥自身优势，不断成长。

（3）工作勤勉精细、扎实认真，深入钻研课程标准、教材，针对学生实际，精心设计教案，讲课抓住重点，突破难点，体现讲解精透，开发学生智力，发展学生能力；辅导耐心，分类指导，培优补差；作业布置适当，批改精心，注意收集问题，及时讲评；考试严肃认真不弄虚作假；教学每一环节落实注意做好学生思想工作，方法得当有效。

（4）正确处理工作与私事的关系，未经学校批准不得私自调课、误课，上无人辅导自习课。

（5）工作节奏紧凑，任务落实抓实、抓细，出色完成任务；如有工作失误，及时查找原因，进行自我剖析，积极改正。

# 关键03

# 师生关系

师生关系是学校教育过程中最重要、最基本的关系。和谐的师生关系对教育教学活动的顺利进行，包括完成教育教学任务、达成教育教学目标、提高教育教学质量起着重要的作用。新教师应建构与学生的关系，建立和谐的师生关系。那么，新教师如何建立和谐的师生关系呢?

## 一、建构和谐师生关系的基本原则

新教师建立和谐的师生关系，应遵循以下四项基本原则。

### 1. 尊重性原则

正如苏霍姆林斯基所言"让每个学生都抬起头来走路"，也正如马卡连柯所言"高度尊重与严格要求相结合"，都体现着新教师应尊重学生，把他们当作一个完整的、发展的、具有个性特征的"人"来看待。学生作为师生关系的一方主体，新教师尊重学生是建立和谐师生关系的前提与基础。而且新教师对学生人格的尊重，本身起着一定的教育和示范功能。

新教师尊重学生，首先要爱学生。教师对学生的爱，不是一种溺爱或宠爱，而是基于对学生严格要求上的爱。教师对学生的爱，不是仅对个别学生的偏爱或对不同学生有差别的爱，而是对班上所有学生无差别的、一视同仁的爱。新教师对学生的爱，不仅表现在对所有学生的学习、思想和身体的全面关心上，而且体现在对所有学生的严格要求和较高期望上。新教师要把爱与严两者相互结合起来，贯穿到整个教育教学过程中，以及整个师生关系的建构与发展中。教育是爱的共鸣，是心与心的呼应。新教师对学生的爱，才会赢得学生对自身的爱，才能搭起师生的感情桥梁，建构和谐的师生关系。可见，新教师对学生的爱，是一种巨大的教育力量，是一种重要的教育手段，是沟通师生心灵的一条通道，是建构师生关系的金钥匙。

新教师不仅要尊重学生，还要理解学生。学生身心发展不成熟，是一个正处于发展中的主体，不断追求个性发展，个体意识逐渐增强。这就要求新教师理解学生，既要理解学生的实际情况与学生的感受，也要发挥教师的主导作用。新教师要理解学生，能与学生感同身受，能换位思考，才能赢得学生对新教师的理解，从而师生双方彼此达成相互理解，促进良好师生关系的建构。因此，建立和谐的师生关系，新教师要理解学生，且促进师生双方互相理解。

### 2. 平等性原则

新教师与学生相处，建立和谐师生关系的另一个前提是师生彼此在关系上的平等，不是"上"与"下"的关系。无疑，在师生关系建构中，新教师与学生双方任何一方都不可缺位，都是关系建构的主体，二者在人格、地位上是平等的。新教师与学生任何一方缺位，即使有多么高级的教育设施设备，或是多么先进的教学思想、教育方法方式等，在建构师生关系中都难以取得预期的成效。

新教师要避免两个极端，一是避免对学生专制，把自己的想法强加给学生，一切以自己的意志为主，不考虑学生的需求，在师生沟通中最好不用强迫式方法、命令式态度，尽量用商量式口吻、建议式语气。新教师要顾及学生的意愿，避免强迫式教育引发学生的叛逆心理。二是避免对学生放任自流，对任何事情都不理睬、冷漠。新教师平等地对待学生，意味着对学生既不放任也不专制，激发学生的主动性、积极性，相关事情和学生共同协商决定。这样，有助于师生之间建立和谐的关系。

### 3. 示范性原则

教师职业的示范性，决定了新教师在建构和谐师生关系时要遵循示范性原则。新教师在思想、品德、做人、做事上要以身作则，率先垂范；在教育教学中，在课堂管理中，在课外活动中，时时、处处注意自己的一言一行、一举一动，凡是要求学生做到的新教师自己一定要先做到，凡是要求学生不能做的自己更不能做，以自己的表率与示范去影响学生。

教师的一言一行、一举一动，对学生有很大的影响力。"其身正，不令而行；其身不正，虽令不从。"学生往往是"度德而师之"。新教师在建构和谐师生关系时，自己为人师表、以身作则就是无言的教育，自身的人格魅力就是学生学习的榜样，是学生热爱、尊重教师的催化剂，是建构和谐师生关系的黏合剂。

**4.亲近性原则**

正如《学记》所言，"亲其师"，才能"信其道"。只有当学生从内心深处认可、亲近某新教师时，才会在感情上悦纳该教师，才有可能建立和谐的师生关系。如果学生从内心深处排斥某新教师，就会疏远该新教师，则难以建立良好的师生关系。

新教师要让学生真正"亲其师"，就应放下"师道尊严"，走到学生中去，融到学生中去，以诚相待，与生为友。新教师只有真诚地对待每位学生，才能引起学生对自己的敬重、信任和亲近，师生之间才能建立起和谐的关系。另外，新教师还要注意，人非圣贤，孰能无过，如果自己有错的时候，不要一直昂起高傲的头，要真诚坦诚地承认并改正错误，才会得到学生的尊敬和仰慕，有助于良好师生关系的建立。基于这种和谐师生关系的教育教学活动，学生更乐于接受，也更易于接受，教育效果也会事半功倍。

## 二、建构和谐师生关系的主要途径

新教师在建立和谐的师生关系时，可参考如下主要途径。

**1.关注学生需求，建立师生情感连接**

其一，新教师要读懂学生，了解学生行为背后的需求与原因。新教师不仅要看到学生行为的表象，而且要深入了解学生行为背后的需求与原因。在观察学生行为时，新教师要学会透过现象看本质，读懂并分析学生隐藏在行为背后的"密码"，采取合适的举措，对症下药。这样，有助于师生之间的互相尊重、悦纳，拉近师生关系，集中解决亟须解决的问题。

其二，新教师要学会倾听、有效倾听。在与学生沟通时，新教师以尊重和平等的态度对待学生，学会倾听，认真对待他们的想法和感受，欣赏学生的独特性。这样才让学生感受到关爱和尊重，进而敞开心扉，实现平等和谐的师生互动与良好师生关系的建构。当学生与新教师分享时，新教师要俯下身来，诚恳地倾听学生的诉说，并且用面部表情和肢体语言给予积极回应。学生把新教师当作"自己人"，进而在情感上对新教师产生依赖感和信任感，从而促进和谐师生关系的形成与发展。

**2. 倡导鼓励学生，促进学生发展**

每个人的内心深处都有一种根深蒂固的自我需要，就是希望自己能够被别人肯定。学生也同样渴望被教师"看见"、认可与鼓励，正如植物需要阳光与雨露一样。新教师对学生的鼓励，其意义在于让学生获得价值感和归属感。

新教师要善于发现并抓住学生的闪光点，及时鼓励学生。对于学生而言，鼓励十分重要。表扬和鼓励是推动学生进步的一种好方法。一般来说，一位学生得到教师的表扬，就会感到高兴，认为教师重视自己的努力，不仅有助于推动学生去争取更大的进步，而且推动师生关系沿着更好的方向发展。

新教师尤其要多鼓励学困生与犯错误的学生，善于抓住他们每一个的微小进步，及时给予表扬，多多鼓励，引导他们通过自己的努力，表现、展示自己的进步与特长，不仅能增强学生的自信心，而且能让学生努力提升自我，形成良性循环。新教师表扬学生时，要实事求是，既不要夸大，又不能一笑了之，要把握好尺度。学困生与犯错误的学生感受到欣赏、鼓励，就会愿意与新教师做朋友，建立和谐的师生关系。

新教师还要注意鼓励学生的正确表达。一是描述式鼓励表达，"我看到……或我注意到……"例如，"我看到某某同学把黑板擦得很干净"。二是感激式鼓励表达，"谢谢……或感谢……"例如，"谢谢某某同学把黑板擦得很干净"。三是赋予力量式鼓励表达，"我相信……或我坚信……"例如，"我相信某某同学可以坚持下去，每天像今天一样把作业写得很工整"。

### 3. 师生合作互动，教学相长

师生关系不管在教育教学过程中，还是在平常交往中，都是新教师与学生两个主体之间语言、思想、行为等各方面相互融通的过程，不可能是单方面的被动实施。

新教师要唤醒学生主体意识，鼓励支持学生怀疑质问，积极对话，激发学生的探究意识和创造精神。尤其在知识学习过程中，新教师要鼓励学生提出不同的理解，通过新教师与学生、学生与学生之间的积极对话，促进师生之间形成共识，开拓认知视野，促进自我更新。

新教师改变孤立、自我、封闭的传统师生关系，拥有开放、共享的心态，重视师生之间的共享与合作，且在交流分享中，形成积极的思维品质，生成新思想、新观点。新教师不要以"已知者"自居，要树立教学相长、终身学习的理念和追求，善于和学生相互交流，交换意见，与学生一道探讨真知。新教师要积极采取有效的举措，引导学生大胆提出自己的想法，享受获取知识、得到发展的成就感，不断追寻更好的自己。新教师与学生通过合作互动，相互借鉴与相互启发，达到博采众长、集思广益的目的，形成师生间的良性互动，做到合而不同，共同进步与提升。

### 4. 提高自身素质，赋能师生关系

从某种意义上而言，构建和谐师生关系的关键就在于新教师。新教师在师生关系的建构中起主导作用。新教师的素质及其表现会对学生产生潜移默化的影响，特别是对学生人生观、世界观和价值观的形成，起着举足轻重的作用。任何

学生主观愿望上都想和新教师搞好关系，都想得到新教师的关切和青睐、肯定和表扬。新教师要提高自身素质，做到德高为范、学高为师，时刻牢记自身的使命和宗旨，注意为人师表，加强师德修养，提高职业道德水平。高素质的新教师，学生自然敬佩。主动亲近新教师，拉近师生关系，有助于和谐师生关系的建立与发展。

新教师应当树立正确的学生观，以平等的态度与学生交流、相处。新教师以积极乐观和宽容的态度，对待学生发展中不可避免的问题，正确引导学生。新教师尊重理解学生，与学生相处时要把握好"度"，与学生建立友好但不过度亲密的师生关系。

新教师应当在日常教学中经常反思自己的言谈举止和处世方式，努力克服自己性格中的不良因素，增强理智感，不断调整自己的心态，积极地对待学生，为建立和谐师生关系打下良好基础。

新教师还要不断学习，更新教育理念。新教师应认真仔细地观察身边经验丰富的教师的言谈举止行为，向他们请教师生关系建构与发展的有效方法。新教师就一些处理棘手的学生问题，可以虚心向有丰富经验的教师请教。


拓展阅读：

**构建和谐师生关系的几点经验①**

仇陶中心校的宋德敏老师，与学生相处很和谐。她是如何建构、发展良好的师生关系的呢？她的经验可供新教师参考。

1. 尊重、热爱学生是建构和谐师生关系的基础

师生关系，必须有情感的投入。实践证明，只有学生把教师作为可以信赖的人，师生心与心相契合，情与情相交融，教师及其开展的教育教学活动才能被学

---

① 构建和谐师生关系案例.［EB/OL］. https://max. book118. com/html/2018/1005/813312
6101001125. shtm.

生接受。教师的爱是师生关系建构、教育的推动力。

教师尊重学生、热爱学生，让每一个学生都感受到来自教师的温暖。学生觉得教师爱他，重视他，才敢接近教师，才乐意接近教师，才能真正地爱教师。师生之间互爱才是最理想、最和谐的师生关系。学生都有很强的自尊心，需要得到他人尊重。当学生有了进步或成绩时，心里总是希望教师给予表扬；当学生有了错误时，一般害怕教师批评，特别不希望教师在其他学生面前批评。这些都反映了学生的自尊心理。教师要懂得学生的这种心理特征，该表扬的表扬，满足学生的欲望，也让学生感受到教师的重视和关注。教师批评学生要注意方式方法，尽量不当众批评学生，也不能一味地指责，更不能挖苦、讽刺学生，以免挫伤学生的自尊心。

2. 善待学生是建构和谐师生关系的关键

教师要善待每一个学生，尤其要善待犯错误的学生。"人非圣贤，孰能无过"，学生犯错误是难免的。对于犯错误的学生，作为教师，一定要善待学生的失误、宽容学生，给他们改正的机会，千万不要歧视他们。学生犯了错误以后，教师千万不要动不动就"上告"家长，而应认真倾听学生的意见，做到细心开导、耐心教育，给他们一个改正的机会。否则，往往会诱发学生的逆反心理，既降低了教师的威信，造成师生关系紧张，又不利于学生改正错误。

教师尤其要善待学习不好的学生。俗话说"十个指头都不一样长"，更何况是不同的学生呢？从心理上讲，学困生往往比其他学生更渴望得到教师、家长、其他学生的尊重与爱护，因为他们比学习好的学生有着更大的心理压力。作为教师，只有尊重和爱护"学困生"，形成好的师生关系，"亲其师"才"信其道"，才能引起他们的情感"共鸣"，引导他们恢复理智和自尊，对学习和生活充满信心和勇气，发生转变。

3. 师生充分交流是建构和谐师生关系的桥梁

融洽的师生关系是师生在充分交流的基础上形成的。现在的教师总觉得自己太忙，无暇与学生交流。其实，与学生的交流无处不在。例如，学生读书时，教师走过去询问两句；学生向教师问好时，教师回应一声；课堂上学生顽皮时，教师走过去抚摸一下他的头；做广播操时，教师凑过去聊聊……也许，教师的一个眼神、一次抚摸、一个电话都是与学生在交流互动，都会让学生感受到教师的关爱，感到心灵上的快慰。

# 关键 04

# 同事关系

良好的同事关系，可以减轻新教师工作中的紧张、压力和挫败感，可以降低新教师在教学工作中的复杂性和不确定性，有助于新教师对教育教学产生积极的情感，使其迅速进入工作状态，有助于营造教师合作互动与团结协作的氛围，使整个教师集体形成向心力、凝聚力，有助于提高教育教学质量，促进学生发展。那么，新教师如何建立良好的同事关系呢？

## 一、正确对同事进行定位

新教师要建立良好的同事关系，应对教师同事有正确的定位。

### 1. 合作者

新教师应明确，教育教学不是靠某个教师单打独斗就能够完成的，需要教师之间的分工合作、相辅相成才能促进学生的全面发展。从所教班级来看，学生的发展，需要班上所有任课教师的通力合作，需要学科组教师、年级组教师通力合作。因此，新教师要把同事定位为教育教学工作的合作者。新教师尤其要与教同一个班的任课教师、教同一门课程的任课教师齐心协力、相互合作，在合作中建立良好的同事关系。

### 2. 资源共享者

新教师应明确，教师把自己的教案、学期工作计划、多媒体课件教育教学资源进行共享的话，那么每个教师都将拥有更多的教育教学资源，每个教师将会有更多互相分享、互相学习、共同进步的机会。例如，某校各班、各年级组、学科组及整个学校内部组建资源库，相关内容涉及教育教学的方方面面，如各年级各学科教案、教学活动案例、公开课示范课视频、教育教学资源、年计划、学期计划、月计划、周计划、主题课程计划、年级组活动方案、各班级工作资料、家长工作资料等。显然，教师之间的资源共享，不仅让新教师节省了大量的时间和人力成本，也让新教师在教育教学活动中拥有更多可以参考和学习的材料，也有助于建立良好的同事关系。

### 3. 专业成长互助者

新教师应明确，所在学校的每一个教师都有自己独特的专长与优势，都可以成为自己的指导者，成为自己专业发展中的引路人。例如，有的教师班级管理很有特色，有的教师学科教学自成风格，有的教师课外活动组织得有声有色；有的教师现代化教学手段水平很高；有的教师课件设计得很好；有的教师课堂教学很有成效；有的教师擅长与家长沟通，有的教师擅长解决学生的心理问题；等等。这些各具特色与专长的教师，为新教师之间提供了良好的学习空间和条件，有助于促进新教师专业成长。新教师在虚心向同事学习的过程中，自然而然就建立了良好的同事关系。

## 二、应用相关的心理效应

新教师要建立良好的同事关系，应了解并灵活应用相关的心理效应，主动规避心理偏差，促进良好同事关系的建立。

### 1. 首因效应

人们对一个人的态度、行为，很大程度上依赖于对其的第一印象，这就是首因效应，是一种正常的心理偏差。为什么会有首因效应？因为任何最先出现的因素都会产生一种心理定式，这种定式将影响人们对后出现信息的知觉程度。新教师第一次与同事见面，对同事形成的印象往往很深刻，且会对以后的人际关系起到很重要的作用。如果新教师对同事的第一印象好，就会"一见钟情"，则继续交往的积极性就高，就有可能一回生，二回熟，三回成朋友。新教师要充分利用首因效应，给同事一个好的第一印象，有助于良好的同事关系的建立。

### 2. 刻板印象

刻板印象主要是指人们对某个事物或人形成的一种概括固定的看法，并把这种看法推而广之，认为这个事物或者人都具有该特征，而忽视个性或个体差异。有的人一见面就马上把人归类，并把对该类人的评价强加给他，从而对该同事产生不好的印象。这种情况，肯定会影响新教师建立良好的同事关系。因此，新教师在建立良好同事关系时，要尽量规避刻板印象，重视个体差异，对同事做出正确的评价。

### 3. 互酬效应

互酬效应，简言之，就是互相酬偿、互相帮助的意思，指人与人在思想、情感、行为、利益等方面的礼尚往来，就是"投桃报李"。新教师应了解，在人际交往中互酬效应主要存在于以下几方面。一是能力互酬。在人际交往中，能力比较强的人一般总是比较容易成为人们交往的对象。二是性格互酬，在人际交往中，那些乐观、幽默、豁达大度、热情、乐于助人的人总是受欢迎，能给其他人带来快乐，提供帮助。三是感情互酬，那些同情他人、关心他人、能够听别人倾诉、善于安慰别人的人，能给别人带来感情上的满足和补偿，往往朋友比较多。四是兴趣互酬，兴趣相似的人会增强彼此交往的欲望。五是信息互酬，在人际交往中，那些见识广、知识面宽、掌握信息多的人往往成为人们喜欢交往的对象，能让他人觉得跟他交往有收获，能开阔眼界。当然，人际交往是一种双向性的信息、感情传导过程,单方面的"酬"只能表现为单方面受欢迎。只有双方面的"互酬",人际关系才能在密切的互动中逐渐深化。因此,新教师充分利用互酬效应,主动地在能力、性格、感情、兴趣、信息等方面给同事提供一些必要的帮助,同时,也积极从同事身上获得一些相应的帮助,有助于良好同事关系的建立。

**4.投射效应**

投射效应是指将自己的特点归因到其他人身上的倾向。例如,善良的人较容易相信周围的人都是善良的;有害人之心的人整天提心吊胆,怀疑别人要害他。在人际交往中,新教师会不知不觉地把自身的缺点或优点投射到其他同事身上,认为他们也如自己这样。因此,新教师在与同事建立关系的过程中,尽量避免倾向于按照自己是什么样的人来了解同事,而应观察、分析同事的真实情况进行判断。

**5.人际吸引**

人和人之间的相互喜爱、相互需要、相互依赖就是人际吸引。人际吸引的因素对人的交往也有很大的影响。人际关系最直接的表现就是人们之间的相互吸引和排斥。在建构良好的同事关系时,新教师应充分了解、利用这些人际吸引的相关规律。

一是接近吸引律。当人际交往的双方存在着时空、兴趣、态度及职业、背景等的接近点时,彼此之间易于相互吸引。二是对等吸引律。"敬人者,人恒敬之。"人们都喜欢那些喜欢自己的人,更喜欢那些对自己的喜欢不断增加的人,而不喜欢那些对自己的喜欢不断减少的人。三是相似吸引律。"物以类聚,人以群分。"人们通常喜欢那些在态度、信仰、爱好、兴趣等方面与自己存在着某种程度类似的人。四是互补吸引律。双方的个性与需要及满足需要的途径正好为互补关系时,会产生强烈的吸引力。喜欢沉默的人往往与那些爱说话的人成为朋友。五是能力吸引律。一个人越有能力,就越受人喜欢。但是,能力与受喜欢的程度并不永远成正比。研究表明,最受人喜欢的人并不是能力最强的人,而是那些具有非凡能力但也犯小错误的人。六是异性吸引律。男和女之间总比男和男或女和女之间更易相互吸引，也更易建立联系。新教师应充分利用人际吸引规律，促进良好同事关系的建立。

## 三、加强同事之间的团结协作

新教师主动加强同事之间的团结协作，有助于良好同事关系的建立与发展。

### 1.正确认识教师工作的独立性

新教师要正确认识教师工作的独立性。教师工作特点是以教师个体独立工作为主，各自负责某一学科的教学或某一班级的管理。在日常教学活动中，教师大多依靠个人的力量来解决课堂里出现的所有问题，教师的课堂活动往往与其他教师的课堂活动相互隔离而不是相互依赖，他们各自保留自己的教学技巧，把全部精力集中在他们所负责的那部分，很少花时间与同事一起来分享观点、观念和新知。"独立工作"是大多数教师日常工作的常态，教师之间只是一种有限的交往和协作。

尽管教师工作具有独立性，但不意味着教师之间不需要团结协作。新教师应正确认识到，有了同事之间的团结协作，可以得到心理支持，相互启发、借鉴、汲取力量，将每个人的优势整合为集体智慧，从而产生新思想。新教师要以平等、自愿、共同决策、分享资源为基础，参与到同事团结协作中，从而彼此之间关系和谐，心情舒畅，工作效率更高。

### 2.正确认识教师之间的竞争

一方面，新教师要树立正确的竞争意识。尽管同事相互之间的竞争可能会出现一些人际关系的矛盾，但关键在于新教师怎样正确看待竞争，怎样处理这些矛盾。同事间的竞争是正常的，要摒弃不合理竞争的思想意识。另一方面，新教师要积极参与良性竞争。随着教育事业的蓬勃发展，家长、社会对教师的要求越来越高，教师队伍出现优胜劣汰的局面，客观上也要求新教师要敢于进取、敢于超越、大胆创新，积极参与竞争。新教师要通过竞争不断挖掘自身潜能，不断完善自我。例如，新教师要积极参与校内外组织的各种教育教学比赛。通过竞赛，新教师积极主动地向同事学习，增加与同事交流的机会，有利于同事之间的相互尊重、理解、赏识、认可，促进同事良好关系的建立与发展。

**3. 积极开展同事间团结协作活动**

正如加拿大著名学者迈克尔·富兰所言，"为提高全体学生的学习水平，教师有明确的追求目标；为了实现这一目标，教师们会通力合作"。新教师要有团结协作的意识，积极主动与其他教师展开合作。例如，同一学科或不同学科的教师对教学过程中存在的主要问题开展专题讨论，教师间相互学习、共同研究、探讨教学经验和得失，彼此间交流共享教学相关信息，促进知识交叉渗透。尤其对新教师来说，这种同时间的专题讨论有助于帮助他们向经验丰富的教师学习，有助于提升自身专业技能。又如，新教师积极参与校本教研活动，通过集体备课、说课、听课、评课等形式，与其他教师进行交流合作，解决自己在教育教学过程中遇到的问题。

新教师应积极开展同事之间的团结协作活动，打破由学科划分造成的教师"单打独斗"的局面。同时，教师间相互合作、协作教学能更好地促进学生全面发展。可见，新教师积极开展同事间团结协作活动，不仅能提高教师的自我效能感和能力，而且能促进学生的全面发展，还可以促进同事之间形成更积极的人际关系。

## 四、学会建立和谐同事关系的小妙招

新教师学会一些小妙招，有助于建立良好的同事关系。

**1. 树立自信心**

新教师不要因为自己初来乍到，教育教学经验不足、教育教学能力不强而自卑，应丢掉自卑，树立自信心，善于寻找自己的优点，给自己恰如其分的评价，更不要为一时的挫折而失去自信心。这样，才能保持与同事交往的良好心态。

**2. 积极承担并有效完成自己应有的工作**

新教师在班级工作中，与自己的搭班教师分工后，要认真、积极、主动地完成自己的那份本职工作。在同事有困难时，也要乐于给予同事力所能及的帮助。每个新教师都应树立团队的整体观念，都要承担起自己在班级中的一份责任，既要分工明确，又要配合默契，形成一定的秩序，避免不必要的紊乱而导致工作无序，以及同事关系冲突。

**3. 赞美同事**

"三人行，必有我师"，新教师需要发现同事的优点，宽容同事的缺点，全面、客观、准确地思考并分析问题，对同事的优点给予真诚的赞美，有助于良好同事关系的建立。新教师要善于发现、真诚赞美同事的优点和长处，并保持一份敬意，虚心学习。新教师以诚待人，取他人之长，补己之短，共同进步，共同发展。

**4. 尊重、理解同事**

关系都建立在彼此尊重的基础上。新教师要尊重学校的每位同事，诚恳、主动地与他们沟通，让同事有充分的空间表达自己，以宽容的心态对待他人的不同。对待同事的批评和建议，保留一份诚意，耐心听取；对待同事的缺点，保存一份善意，诚心包容。如果与同事有分歧时，新教师不仅要用恰当的方式和语言表达自己的观点，尽量避免挫伤同事的感情，而且要学会换位思考，理解自己的同事。

**5. 平衡付出**

有的新教师很在乎与同事的关系，在交往中，不管是金钱方面、还是感情方面都付出很多，可能换来的结果却事与愿违——同事或朋友有时会莫名其妙地冷淡甚至疏远新教师。这样一来，付出很多的新教师就会感到心理不平衡。其实，这并不是同事不愿意与新教师交朋友，而是觉得交往一方付出太多，自己却无法回报或没有机会回报时，就会产生一种无形的压力。这种压力直接导致受到恩惠的一方选择冷淡或疏远。因此，新教师在与同事交往时，应注意平衡付出，不要刻意多付出。

### 6.寻找共同话题

教师集体中的每个教师的性格不同、兴趣不同、学科背景不同，相关经验也不同。新教师要融入群体，就要主动寻找到同事感兴趣的共同话题，积极参与、共同讨论，有助于良好同事关系的建立。

拓展阅读：

#### 新教师怎样处理好同事关系①

1.恭敬谦虚，而不刻意逢迎

大部分新教师刚从高校毕业，具有本科甚至硕士研究生学历，与多年前参加工作的同事相比较，学历更高，思想更前卫，观念更新潮，方法更灵活，视野更广，爱好兴趣更多。尽管新教师在很多方面比多年前参加工作的同事强，但是新教师一定要注意尊重同事，虚心向同事请教，不要自恃学历高而恃才傲物、目中无人、狂妄自大。

儒家提倡"恭则不侮"。也就是说，恭敬即尊重，新教师尊重教师同事，也会受到同事的尊重，才不会受侮辱。新教师应注意自己的言谈举止彬彬有礼，尊重同事，在工作上与同事相互支持、相互合作。新教师在尊重同事的同时，还要做到谦虚，虚心向同事请教，虚心对待同事的意见和建议。当然，新教师也要注意，不要表面上装成极热情的样子，刻意逢迎同事。

2.同事皆友，融入教师集体

新教师刚到一个学校，对其他教师同事难免有一种陌生感和距离感。加之刚刚大学毕业参加工作，有的新教师还有一种初入社会的畏怯感。新教师不敢主动、大胆地与同事交往，只把交往的圈子局限于少数几个同事，或只与刚来的几

---

① 新教师怎样处理好同事关系．[EB/OL]．https://wenku.so.com/d/a9390d5b7a109129efbf9d64a9928661．

个新教师交往，或自己一个人独来独往。这样，新教师难以与其他同事沟通，难以了解其他同事，难以融入教师集体，难以融入所在学校。时间长了，这种状况可能导致其他同事觉得新教师不合群、孤僻，不好接近，不易沟通，影响同事关系，进而影响工作开展。

新教师要尽快消除这种陌生感和畏怯感，主动利用各种工作、生活和休闲的机会与同事接触，扩大交往范围。例如，新教师去收发室取报纸杂志时，顺便就把同办公室或同楼几个办公室同事的邮件、报纸杂志等都取了，分发给同事；哪位同事上午第四节有课，新教师没有课，就主动提出帮他从食堂带份午餐；同事病了，主动问候；任教同一门课或任教同班的同事有急事请假，新教师主动提出帮忙代课守班；等等。新教师既要做个有心人，细心地体察同事的需求，时时抱着善意和助人的心态，又要与同事保持适当的距离，尊重同事的习惯、爱好、秘密，同事就会很快地认同和接受新教师，形成良好的同事关系。另外，新教师切忌在同事间说长论短，参与小集团、小圈子。

3. 受得委屈，踏实工作

由于学校领导、同事不了解新教师，一般不会把一些重要的班级、课程、工作分配给新教师。甚至还有少数学校，往往把老教师不愿承担或嫌弃的工作分给新教师。碰到这种情况，大多数新教师抱着对教育教学工作的热情和憧憬，部分新教师会有一种怀才不遇之感，可能导致怨气怨言、干劲不足等后果。显然，这种状况对新教师成长极为不利。

即使处于这种状况，新教师也要受得住委屈，耐得住寂寞，用自己积极诚恳的工作作风，踏踏实实地干出成绩来，得到领导、同事的认可。

# 关键 05

# 家校合作

　　家长是新教师开展教育教学活动的同盟军，新教师要建构与家长的关系，开展有效的家校合作。家校合作旨在充分发挥家庭教育和学校教育的相互联系、相互作用，营造良好的教育环境，凝聚教育合力，协同育人，共同促进学生全面和谐发展。新教师如何开展家校合作呢？一是灵活采用家校合作的适当途径，二是注意家校合作的相关事项。

## 一、灵活选用家校合作途径

　　家校合作的途径多种多样，这里主要阐述 4 种新教师常用的家校合作途径，其他途径参考拓展阅读。

### 1. 家访

　　家访是家校合作的重要途径，也是家校合作的传统途径。一般而言，新教师在每个学段至少要对班上每个学生要家访一次，大部分新教师每年对班上每个学生要家访一次。家访有初访、细访、重访等多种形式，新教师根据实际需求，选择不同的家访形式。例如，新教师接手新的班级后，需进行初访，对学生家庭进行初次访问，了解学生的基本情况。细访，是一种有选择的家访形式，与初访不同，细访的内容比较具体，新教师从实际出发确定细访对象、内容和目的。重访是新教师以学困生或问题学生为重点家访对象，可根据情况进行反复多次的走访。

新教师如何做好家访呢？一是在家访前做好充分准备。例如，新教师通过微信或学生转告的形式提前通知家长做家访的时间、目的及其相关内容。新教师对学生和家长的情况有一定的了解，准备好家访的策略。新教师事先预设在家访中可能会遇到的困难和意想不到的情况，做好心理与相关准备，以应对可能出现的突发状况。新教师还要提前确定好家访的路线，最好是提前几分钟到达家访的目的地。二是在家访时言谈举止适当。新教师仪容仪表得体，举止文雅，有助于跟家长建立起初步的信任，树立良好形象。新教师与家长面对面分析问题，总结经验，不埋怨、不指责、不批评，切实寻找问题，解决问题，促进学生发展，同时，新教师还要了解学生家庭背景，人员结构，主动了解学生行为背后的家庭原因。家访过程中要有礼有节，不能做告状式家访，实事求是讲明学生的优点和缺点。家访时，一定要让学生在场，新教师要多表扬多鼓励学生的进步，真正在教师、学生、家长之间建立良好的关系。三是家访后做好记录与总结。新教师记录好家访情况，如受访学生个人和家庭基本情况、家访要点、家长建议、家访达成的共识等内容。另外，新教师还可记录家访后学生的成长变化，做好成长记录。

## 2. 家长会

家长来校参加家长会，与教师去学生家里进行家访相比，尽管一种是家长走进来，另一种是教师走出去，但都是家校合作的重要途径，也是家校合作的传统途径。一般而言，每学期举行两次家长会，期初一次，期中一次，由各年级组长或班主任主持，主要介绍学校情况及学生情况、汇报学生成绩、指出学生问题、介绍班级现状、沟通家长意见，等等。新教师如何开好家长会呢？考虑到家长人数比较多，涉及的内容比较广，因此，要设计家长会方案。

一是要做好充分准备，提前设计家长会的目的与主题，发布召开家长会通知，明确告知家长会时间、地点及家长相关准备。新教师还要布置好家长会的环境。安排学生将教室打扫干净，桌椅摆放整齐，在黑板上书写欢迎家长的标语和家长会的主题。把学生在校的照片和视频以短视频的形式播放，供家长观看欣赏，营造氛围。二是根据预设的流程来具体实施家长会，家长签到—导入环节（设计一些调节现场气氛的、带有教育意义的游戏，引出家长会主题）—新教师自我介绍及致欢迎词—学校、班级情况介绍—家长会主题发言—家长代表发言—新教师家长互动—师生互动—家长会结束与总结。三是及时更新家长会结束学生的发展情况，例如，通过本次家长会，已经解决了哪些问题，尚未解决哪些问题，后续如何解决，家长持续关注哪些问题，等等。

### 3.亲子活动

亲子活动，就是在新教师的引导下，由家长和孩子共同参与、相互合作进行的一系列活动。可见，亲子活动是家校合作的重要途径，也是当前家校合作的一种新途径。作为家校合作的途径之一，常见的亲子活动有亲子书信活动、亲子共读活动、亲子实践活动、亲子运动会等。

一是新教师准备一个亲子交流信箱，引导学生以书信的方式，写平常未曾开口对父母说的话，写自己在学习和生活中的所见所闻、所感所思、感恩父母、汇报学习情况等。新教师则化身"信使"将信送与家长，组织家长及时回信。二是新教师每学期分享亲子阅读书单，引导家长保证每天有 15～20 分钟与孩子进行共读；每学期举行一次亲子共读分享会，评选最佳亲子共读家庭。三是新教师在开学时给每位学生发一本亲子实践手册，指导家长开展、记录、评价亲子实践活动。这些亲子实践活动大到一次远方旅行或参加一次社会服务活动，小到家长与孩子共进晚餐、一起锻炼、一起做家庭大扫除。四是新教师每学期组织一次亲子运动会，做好场地、器材设施设备等准备，要求一个学生与一位家长参加运动会。新教师通过指导这些亲子活动，不仅能增进亲子间交流，融洽家庭关系，而且有助于家校合作，促进学生发展。

### 4.网络途径

随着网络信息技术的快速发展，出现了家校合作的网络新途径。网络途径突破了时空的界限，实现了家校即时即地的信息交流，能有效促进家校合作。家校合作的网络途径，主要包括电话、短信、电子邮件、微信、QQ、钉钉等方式方法。

目前，新教师常用的网络途径方式方法大多是线上班级群。家校合作、家校联系大多选择微信、QQ、钉钉等线上沟通途径，具有便捷、高效、实时等优点，新教师既可以单独和家长进行沟通，也可以进行集体交流互动。学生学习情况、班级日常工作的布置、重要事项的通知等共同的消息发布，新教师可以通过线上班级群同步给家长。一些针对具体学生的情况，新教师可以私发给相应的家长。通过网络途径，家长能及时掌握学生在校的表现和学习效果；通过家长的反馈，新教师也可及时了解学生在家的学习状态。

当然，新教师可在班级群内分享学生平时在校学习状态、班会活动、课间活动的照片或视频，学生优秀作品展示、优秀学生表彰、优秀家长的教育理念，以及分享与家校教育相关的文章和教育理念，鼓励班级群内家长分享教育心得。新教师也可以在班级群抛出相关问题，启发家长的思考，实现双向、多向互动。

值得注意的是，新教师应避免在班级群里公布学生成绩、排名及公开批评学生。个别学生有问题，或者是紧急情况，新教师则可以直接通过电话、私信或者当面交谈的方式与家长沟通，寻求协同解决之道。

## 二、注意家校合作的相关事项

新教师要开展好家校合作，还要注意如下家校合作的相关事项。

### 1.基于一致的目标

新教师面向班上所有学生的发展，而家长只面向自己孩子的发展。家校合作的直接目的是使家庭教育和学校教育保持一致，形成教育合力，最终促进学生在品德和学业及身心各方面的良好发展。新教师和家长基于家校合作的一致目标，共同肩负着促进学生全面和谐发展的责任，这是家校共育的基础。新教师和家长站在统一战线上，基于一致的目标，在态度、行为等方面也保持一致性，共同承担培养"有理想，有道德，有文化，有纪律"人才的责任。新教师和家长只有在家校合作一致目标的引导下，才能确保后续工作的顺利展开，保证合作关系的健康运行，共同促进学生健康成长，实现家校合作目标。

### 2. 基于两者的合力

家校合作，一是涉及家长参与学校教育。学校以及包括新教师在内的所有教师创设条件，引导家长参与学校教育的积极性与有效性，保证家长对学校教育的知情权、评议权、参与权和监督权。二是涉及学校指导家庭教育。学校以及包括新教师在内的所有教师发挥教育系统的自身优势，加强对家长的家庭教育理论、内容和方法的指导，更新家长的教育观念和教育水平，创设良好的家庭环境，使家庭成为学校教育的得力助手与有力后盾。

新教师还要注意的是，尽管家校合作是学校（教师）、家庭（家长）两者合力的结果，但是在家校合作中，学校（包括新教师在内的所有教师）应表现出更多的主动性，应主动联系家长，了解学生在家庭中的情况、家长对教育的重视程度，转告学生在学校的情况及学习情况等方面。

### 3. 基于真诚的沟通

家校合作，要注意学校（教师）、家庭（家长）双方真诚的沟通。家校合作的低效，或家校冲突矛盾，大多是因为沟通不到位。因此，在家校合作时，新教师不仅要客观中肯地评价学生，不能带有认知上的偏见，而且要平等、客观地看待家长表达的观点和反馈的意见，不能用教师的标准要求家长。新教师还要引导家长充分表达自己的想法和意见，发现家长的需要和问题所在，和家长共同商讨问题解决策略，而不是互相指责、推卸责任。

新教师与家长真诚沟通时要注意：一是不发号施令，不应把家长变成接受任务的下属，要时刻谨记和家长是平等关系，没有主次之分，也没有从属关系；二是多用商量的语气，态度随和，有亲和力，言语明确，家长一听就领悟其中的要旨，提高家校合作的成效。

拓展阅读：

### 某校家校合作活动方案①

1.指导思想

"教育是一个系统工程。加强和改进教育工作，不只是学校和教育部门的事，家庭、社会各个方面都要一起来关心和支持。只有加强综合治理，多管齐下，形成一种有利于青少年学生身心健康发展的社会环境，年轻一代才能茁壮成长起来。"为了取得家长对教育工作的支持，构建起学校、家庭共同育人的格局，创设良好的教育环境，促进学生健康、幸福成人、成才，特制订本方案。

2.合作目的（略）

3.家校合作的措施

（1）举办家长学校

为了提高家长的家教水平，实现家校合作的目的，举办家长学校，定期分批举办家长培训班，开展丰富多彩的教育活动，学习先进的育人经验，不断总结、改善方法，为孩子健康成长寻找科学有效的途径，提高家庭教育的质量和效益。在学校网站特色建设栏目中开设家长学校专栏，定期刊登优秀的家教方法等，方便家长阅读学习。

（2）成立家长委员会

家长委员会是学校、教师与家长之间相互联系的畅通渠道，是家庭教育与学校教育相互沟通协调的纽带。发挥好"学校、年级、班级"三级家长委员会的作用。①学校家长委员会由各年级推举代表组成，其职责是审议学校工作计划，参与学校的重大决策，听取学校工作总结，提出改进意见，督促学校各项工作的开展。②年级家长委员会，由年级负责人牵头，各班推举代表组成，其职责是参加年级组织的重大活动，及时反馈家长信息，参与年级组的教研活动，督促年级不断改进工作。③班级家长委员会，由班主任牵头，班内家长推荐代表组成，其

---

① 家校合作活动方案.［EB/OL］. https://www.aiyangedu.com/HuoDongFangAn/1537693.html.

职责是代表家长的利益和愿望，对班级工作提出意见和建议，审查修订班级工作计划，参与班级管理及教师教育教学常规管理，督促班级不断调整工作思路，改进方法，达到最佳育人效果。

(3) 召开家长会

学校定期召开家长会，一般在每学期期中考试之后，毕业班一般毕业前夕，其他特殊情况根据本班实际情况酌情定时。在家长会上学校领导及教师要把学校的办学方向、办学水平和教改的成果及举措告诉家长，也可介绍一些科学的育人方法，请有经验的家长作交流，教师和家长把孩子在校和家的表现相互通报，一般要求学生参加，让他们亲身感受教师和家长都在关心他们，帮助他们，为他们操心，从而激发学生奋发向上自主教育的意识。

(4) 举办"家长开放周"活动

学校举办"家长开放周"活动，给家长提供了解孩子在校成长与发展状况的机会。"家长开放周"活动由教导处统一安排，活动内容包括家长体验班主任工作、参观班级布置、检查教师常规教学工作、翻阅学生作业、参加主题教育、观看学生成果展示等，让家长看到学校工作的整体水平和学生的发展水平。开放课堂和食堂等，让家长参与进来，对家长的意见和建议进行汇总和反馈，做好为学生的全面服务工作。

(5) 教师定期家访

教师家访仪表端庄，语言文明，客观地评价学生，与家长达成一致意见，切忌家访时附带与学生无关的事，避免有损教师形象。家长要认真了解孩子在校的表现，主动向教师介绍孩子的优缺点、个性及特长，与教师共同研究教子良方，使家庭教育与学校教育相得益彰。

(6) 家校共建活动

家校共建活动是学校与家庭，教师、家长与学生共同参加的活动，主要开展如下活动：①亲子运动会；②"母亲节""父亲节"亲子活动；③邀请家长参加"清明节烈士陵园祭奠活动""亲子田间劳作活动"。家校共建活动，融教师、家长、学生于一体，增进相互了解与合作，加深相互间的感情，有利于调动三方的积极性，达到共同成长的目的。

（7）建"校长信箱"

学校在学校大门口挂一个"校长信箱"，便于及时了解家长对学校的反映，对本校教师教育教学工作的反映。德育处对家长反映的情况进行整理，会同相关部门及教师共同解决，针对家长反映的问题，做到公正、求实、快捷、有效解决。

（8）召开座谈会

学校每学期请家长、教师、学生座谈，总结经验，找出不足，提出修正意见，使家校联系工作向纵深发展。

（9）建立形式多样的家校联系方式

学校采用"给家长的一封信"的形式向家长告知相关信息，可利用微信、QQ、邮箱等信息技术手段，让教师、学生、家长有一个自由交流的平台，促进三方的相互了解。教师还可以利用这些联系方式，进行个别化、有针对性的信息反馈，引导学生和家长反思和改进。

# 专题二
# 提升基础性教育教学技能

　　教学技能是教师在课堂教学的各个环节中，依据教育、教学理论和专业知识，运用教学方法，将知识传播给学生，使其智力发育和能力增益等全面发展的一系列行为方式。对于新教师而言，提升基础性教学技能有助于成为社会所需要的教师角色，提高教育教学能力，促进自身与学生的发展。

# 关键06

# 苦练教学基本功

教学基本功是新教师履行教育教学职责、上好每一堂课、关爱每一个学生的基础能力。新教师教学基本功的强弱，直接影响教育教学质量。教学基本功随着时代的变化而变化，随着不同的研究者及不同的研究视角呈现不同的见解。值得注意的是，教学基本功还随着教师主体不同的专业化发展水平呈现不同形式。例如，针对骨干教师，教学基本功还包括特色基本功。这里主要探讨的是新教师教学基本功，主要是指最基本的、最一般的教学基本功，是作为一个新教师必须具备的门槛性基本功，主要涉及"一说"（说得一口好普通话）、"三字"（写得一手好字）、"一画"（画得一手好简笔画）。新教师要苦练"三笔字"、苦练普通话、苦练简笔画，为站稳讲台奠定扎实的基础。

## 一、苦练"三笔字"

"三笔字"即毛笔字、钢笔字和粉笔字，不仅具有较强实用性，而且具有较强的思想性、艺术性和文化性。写好"三笔字"，是新教师的基本教学技能。苦练"三笔字"，不仅有助于提高新教师书写技能，而且有助于提升新教师教育教学水平。

### 1.新教师苦练"三笔字"的缘由

"三笔字"书写技能，缺一不可。当今时代，虽然毛笔字与钢笔字、粉笔字相比不那么重要，然而，它依然具有广泛的实用价值。例如，校园、教室等公共场所的环境布置，以及在会标、标语、海报等场景中，都会用到毛笔字。钢笔字、粉笔字等现代的硬笔书写，是建立在传统毛笔书写基础上，从毛笔书写吸收营养从而丰富和发展起来的。因此，当今时代，提倡新教师写好毛笔字依然重要。

随着信息时代的来临，计算机办公日益普及，越来越多的教师通过计算机撰写教案、在线上批改作业，钢笔也随之用得越来越少了。然而，对新教师而言，依然需要手写教案，需要在作业本上批改作业，也就需要写好钢笔字。手写钢笔字所特有的艺术性与独特性，是任何计算机无法做到的，也是任何计算机无法替代的。新教师写得一手好字，无时不在对学生的书写产生潜移默化的"楷模"和"示范"作用。可见，能写一手好的钢笔字是新教师应具备的基本能力与素质之一。

粉笔字，是教师这个职业的"第一书写体"，是新教师课堂教学最重要的技能。与毛笔字、钢笔字相对而言，粉笔字是新教师最需要花时间与精力练习的。尽管我国多媒体教学普及程度较高，但是粉笔字仍然作为教学的一个重要手段而长期存在。新教师在黑板上工整、美观、大方的"板书"，彰显着新教师的基本技能与基本素养。一个写得一手好字的新教师，更容易受到学生的崇拜与喜爱。新教师理应把写好粉笔字，具备胜任教师工作的书写能力，作为自己从事教师职业的一种重要本领与最基本的教育教学技能。如果写不好粉笔字，对于从事"粉笔生涯"的教师而言，不能不说是一大憾事。

### 2. 苦练"三笔字"应达到的要求

新教师经过一段时间的练习后，"三笔字"应达到的基本要求是"十二字标准"，即正确规范、清楚整齐、熟练美观。

正确规范。一是指新教师的字写得很正确，没有错别字、繁体字、异体字，笔画到位。二是指新教师的字写得规范，结构合理，字与字之间分布匀称。

清楚整齐。一是指新教师的字写得笔画流畅且清楚到位，大小得当，班上所有学生都能看清楚。例如，写在黑板上的字，坐在教室后排的学生要能看清楚。二是指新教师的字写得整齐，字排列得行列平直，尽量避免"连绵起伏"、横行不平、纵行不直。

熟练美观。一是指新教师的字写得很熟练，书写有一定的力度又有一定的速度，写得又快又好；字书写得既规范端正又气势连贯。例如，新教师在上课时，板书写得很熟练，边板书、边讲授，节奏协调配合。二是指新教师的字写得美观大方，意味着书写经过专业的临帖训练，掌握了优秀范本的精气神，章法自然，整体感观舒适，具有可观的书体风貌。

拓展阅读：
### 新教师书写粉笔字的技巧①

对新教师而言，"三笔字"中，最紧迫、最重要的是尽快提升写粉笔字的技能。因此，这里专门选择了"新教师书写粉笔字的技巧"作为拓展阅读，供新教师参考。

1. 做好粉笔字笔画练习

新教师在苦练粉笔字时，要做好笔画练习，把握起笔、行笔、转折和收笔的基本要领："起笔收笔有力量，轻重自然见分晓"，做到"笔笔到位"。写好粉笔字，结构是关键，笔画是基础。行笔要求，粉笔字的和钢笔字等硬笔一样：起笔顿、行笔快、收笔顿、拐弯顿；行笔要稳健，用力要均匀，线条有力、流畅。

新教师应掌握以下粉笔字笔画的具体写法。点：虚起笔、渐按下、回笔作收势。横：按笔起笔，有藏笔之势，后右行，回笔作收势。竖：按笔起笔，有藏笔之势，后下行，或按下回笔作收势（垂露），或顺势提笔呈悬针状。撇：按笔起笔，有藏笔之势，左撇出，稍行便顺势提笔。捺：按笔起笔，稍有藏笔之势，后

---

① 如何写好粉笔字. [EB/OL]. https://wenda.so.com/q/1638071416210590.

右下行，呈一波三折状，再顺势提笔出锋。挑：按笔起笔，有藏笔之势，后顺势向右上提笔。折：按笔起笔，有藏笔之势，后行笔至折处停笔，再按笔写折后行笔，按下回笔收笔。勾：横勾似折，但折后顺势提笔斜出锋；竖勾如竖，但在竖画按下回笔时顺势向左上提笔出锋；弧形勾的起笔，按笔有藏笔之势，后行曲线，边行边转笔至勾处回笔，顺势提笔出锋。

2. 把握好粉笔字的结构

新教师要正确处理粉笔字的结构，笔画组合得当、字体严谨美观。

（1）保持字的外形呈"方"形。从整体感觉而言，粉笔字是方块字。因此，新教师在练习粉笔字的过程中，要在心里形成"字为方形"的认识，恰当地表现字为"整体方"的感觉，方块边缘的笔画及相交于方块边缘的笔画定好位，不靠边的笔画写到位，如"血、巨"。

（2）分析结构和比例，采用适当的书写对策。粉笔字分为独体字和组合字两种。组合结构的字包括上下组合、上中下组合、左右组合、左中右组合、上下左右组合、里外组合、参差组合。新教师进行粉笔字练习时，要注意分析组合结构各部分所占比例的大小。例如，针对上下组合的字，粉笔字要体现"上紧而不挤满，下松而不空缺，松紧对比适度，构成协调美观"的特征。新教师碰到上下结构的字，就要把握"上紧下松"的规律，如"架、霄"。又如，针对左右组合的字，粉笔字要体现"左边笔画呈收势，右边笔画较开放"的特征。新教师碰到左右结构的字，就要把握"左收右放"规律，如"认、林"。

3. 用"情"练字

新教师写粉笔字不仅要求规范，还要求写得有精神。同一个人写字，有时写得神气灵动，有时写得无精打采，主要原因是心理或精神状态问题。当精神饱满、情绪高涨、具有强烈的书写欲望时，字肯定写得更好。因此，新教师在练习粉笔字时，要调整好自己的状态，把情感融入其中，用"心"去书写。这样，写的粉笔字就有一气呵成之感，就有神气之感。因此，新教师练粉笔字，不可为练字而练字，也不宜在心事重重、心绪不宁的状态下去练字，而要寄情于书，借字抒怀，形神兼备。

## 二、苦练普通话

新教师都应获得了普通话等级证书。然而，在实际教育教学工作中，普通话及口头表达能力依然存在一定的问题。例如，有的新教师由于普通话等级证书是突击考的，获得证书后，平时不注意用标准的普通话，而是用方言；有的新教师口语语用能力不高，表达能力不强。新教师的普通话，作为师生互动沟通的一种媒介，其水平的高低，直接影响教学质量，也直接影响学生语言能力的发展。因此，新教师，尤其是普通话水平有待提高的新教师，要苦练普通话，不仅要发音标准，而且要提高口语语用能力和素质，为做好教育教学工作做好充分准备。

### 1.加强普通话语音训练

语音训练是普通话最基础的部分。普通话语音训练主要包括声母训练、韵母训练、声调训练、语流音变训练等方面。新教师找一本合适的教材，还可以借助微信公众号、微助教等平台来学习普通话。新教师首先分析自己在说普通话上存在的问题，通过单音节词、双音节词、四字成语、绕口令等方式，有针对性地进行大量的训练和练习，学会正确的发音部位和方法，纠正自己不准确、不规范的发音。

普通话语音训练是个长期而反复的过程，新教师可以借助信息技术学习普通话，让学习更便捷。例如，普通话学习软件等，充分利用软件提供的普通话测评功能，检测自己的语音、语调和发音等方面的问题，从而更加有针对性地进行练习，以便于更好地理解和掌握普通话语音、语调、词汇和语法等方面的知识。

考虑到单音节词、双音节词、四字成语的训练比较枯燥，新教师可选择一些有趣的绕口令来训练自己的语音。例如，"绕口令——师父四十四：山里有个寺，山外有个市，弟子三十三，师父四十四。三十三的弟子在寺里练写字，四十四的师父到市里去办事。三十三的弟子用了四十四小时，四十四的师父走了三十三里地。走了三十三里地就办了四十四件事，用了四十四小时才写了三十三个字"。新教师如果每天练习一个绕口令，则语音表达更清晰了，普通话更标准。绕口令有助于新教师提高学习普通话的兴趣、积极性和成效。

**2. 播音发声训练**

教师这个特殊的职业，有时需要连续上 2 节课甚至 3～4 节课。很多新教师吃不消，上完一节课后就会觉得嗓子很疲劳，甚至出现嗓子沙哑、说不出话的情况。这种现象，大多是新教师没有掌握好科学的发声方法造成的。因此，新教师要进行播音发声训练，学会发音技巧。

播音发声训练主要包括呼吸控制训练、口腔控制训练、喉部控制训练、共鸣控制训练。新教师学会运用气息发声，通过吐字归音、放松喉部、加强口腔共鸣的方式，达到以气托声、以声传情的效果，对自己的声音进行"美化"。在呼吸控制中采取强控制、弱控制、慢吸慢呼、快吸慢呼等方式进行训练。口腔控制采取唇、舌力量训练。通过一系列发声训练，不仅可以让声音变得悦耳动听，而且可以保护嗓子，传递信息的效率也更高，有助于自己的教育教学。

**3. 语用能力提升训练**

在实际中发现，有的新教师虽然普通话水平较高，但是沟通能力较弱，表达容易引起别人的误解。因此，新教师还需要提高口语水平、沟通能力、表达能力等语用能力。

新教师在普通话训练时，有针对性地选取日常教育教学、生活中常见话题，模拟劝说、评价（表扬与批评）、辩论、请求等教学、生活场景，自己总结一些有效的技巧。同时，善于观察周边一些有经验的教师，琢磨他们在这些场合下是怎样表达的。新教师应善于从他人角度获得灵感、获取有益知识。

### 三、苦练简笔画

简笔画作为一种直观、简洁的图形表现形式，线条具有高度的概括力，具有明确的目的性和指向性，能够凝练、明了地表达特定含义或者思想情感，增加课堂教学的丰富性、生动性，有助于激发学生的学习兴趣，提高教师课堂教学的效率。简笔画的绘画形式简单，对绘画工具、材料要求不高，一出现就受到师生的欢迎和关注。随着新课程改革的推进，教师的简笔画技能越来越受到重视。然而，相当多的新教师，尤其是非师范专业毕业生，在岗前没有受过简笔画的系统训练。因此，新教师要苦练简笔画，提高相关技能。

**1. 准备绘制简笔画的工具**

绘制简笔画的工具简单，没有特殊的要求。铅笔、钢笔、圆珠笔、彩色水笔、粉笔，几乎任何类型的笔都可以。新教师随手拿到的任何一支笔，都可以成为绘制简笔画的工具。一般而言，新教师在训练简笔画时，可以选用修改容易、笔迹流畅的 HB 铅笔。不管选择哪种类型的笔，都要根据自己的喜好，反复地练习，这样就能得心应手地描绘出各种栩栩如生、形象生动的简笔画。

**2. 掌握简笔画的主要技法**

简笔画最主要的技法是线描法。线条是最重要的绘画语言之一，尤其在简笔画中，线条是最基本、最重要的造型手段和造型语言。从某种意义上说，简笔画，就是由线条组成的画。因此，新教师要做好常用线条的练习：横线练习（从左到右）；竖线练习（从上到下）；斜线练习（左斜、右斜）；曲线练习；折线练习；弧线练习；综合线练习；等等。新教师在进行线条练习时，要做到轻重适宜、流畅、均匀、清晰，有力度感；要注意线条的粗细、疏密、浓淡、虚实等。新教师还要了解不同的线条表达的不同情感。例如，直线横线表示平稳、刚劲有力；曲线表示优美、活泼而富有变化；折线表示曲折、迂回。此外，线条的粗细、疏密、浓淡、虚实等都能使画面产生不同的效果，让人产生不同的感受。

绘制简笔画的技法还有线面法。线面法，也称线面结合法，在线条的基础上适当地加上一定的块面以丰富画面效果。该技法用"线"刻画物体结构和特征，用"面"表示物体的立体和空间，优点很多，但是新教师要掌握它，难度较大，需要有一定的美术功底。如果新教师没有一定的美术功底，尽量少用线面法，多用线描法。

### 3. 循序渐进地训练

如前所述，简笔画主要通过简洁的线条来表现具体事物等物象。与素描、色彩、中国画等绘画形式比较而言，简笔画通过线条把最重要的物象造型特点体现出来。因此，新教师在训练简笔画时，应全面了解器物、植物、景物、动物、人物等简笔画的造型特点，按照循序渐进的原则，从简单造型到复杂多样造型发展。新教师在简笔画训练中，从临摹开始，再到改写，最后在器物、植物、景物、动物、人物等简笔画上形成自己特色。

训练简笔画时，新教师应临摹或临写简笔画，在掌握静物、自然、人物、动物等简笔画的基础上，进行改写训练。也就是说，新教师通过临写书本上的简笔画，运用简笔画程式化的提炼手法和符号化表现方式，把一种形式的简笔画改为另一种或多种形式的简笔画，意味着新教师掌握了一定的简笔画方法，形成了一定的简笔画能力。例如，新教师临写书本上树的简笔画，在掌握其符号特点后，由一棵树改写为两棵树，再发展成一组树。再如，新教师临写了书本上的猫、狗、兔简笔画后，然后改写出三种动物一起嬉戏的场景。新教师从临写到改写，不满足于做简单的"本本先生"，而是具有一定的创新能力。

拓展阅读：
**简笔画训练的主要内容与基本方法①**

1. 静物简笔画

静物简笔画，即一切静止的物体的绘画，可以是椅子、房间、瓶瓶罐罐、容器器皿、水果蔬菜、花卉等静止不动的任何东西。尽管有的静物看上去很复杂，

---

① 侯伟. 师范专业简笔画课堂教学与训练方法研究[J]. 文化产业，2021(21)：138 – 139.

仔细分析后发现，都是由简单的图形和线条组合而成的。静物从外观上可以直观地分为方形、三角形、梯形、圆形、半圆形等不同的形状。新教师在绘画时，画面要比例协调，大小适度，不能悬殊太大。对于简单的物体用最简练的形状去概括，而对于复杂的物体，则要学会取舍和增减，抓住重点，用关键部位的线条去概括。

2. 风景简笔画

风景简笔画，主要是指描绘自然景观及人工改造后的景色，一般以云天、太阳、树木、流水和倒影、山峦、建筑物等为绘画对象。风景简笔画既可以是单一的一个事物，也可以把多种事物在同一画面中进行展现。当多种事物在同一画面中展现时，新教师要结合整体画面，做到主次分明、突出重点，抓住关键物体和描绘的主体，新教师在风景简笔画的取景和构图过程中，要学会提炼、概括和取舍，取景、构图时要大小、高低、远近都适宜。

3. 人物简笔画

人物简笔画是在教育教学中常用的一种简笔画。如何用最简练的线条高度概括不同的人物形象，这需要新教师有一定的训练技巧。例如，在人物头像中，不同的脸型可以采用不同的几何图形来表达。通过变换眼睛和嘴巴的形态来描绘不同的表情；通过不同发型的刻画来表现人物的外貌和气质。另外，很多新教师缺乏美术基础，在练习人物简笔画时，可以使用骨线式的绘画方式，如"火柴棍式人物绘画法"，通过用长短不同的直线来呈现出躯干、颈及四肢，头部可以用椭圆形，五官可以不用表现，主要突出人物的动态。

4. 动物简笔画

动物简笔画中的动物，一般是指自然界的飞禽、走兽、鱼虫等。新教师在简笔画训练中，可以尝试用最简单的几何图形去概括、归纳动物的形体。例如，老黄牛的头部看作倒梯形，身体比较粗壮，看作长方形。然后，分析发现找出动物的特点，并在简笔画中呈现出来，这样的简笔画才形象。再如，画啄木鸟的简笔画，嘴是啄木鸟独有的标志，因此，要特别重视把啄木鸟的嘴呈现出来。又如，画老虎时，老虎的头部形状很有特点，要把重点放在老虎的头上。

# 关键07

# 优化信息技术教学

随着信息技术的发展与"互联网＋"教育的不断推进，多媒体设备、触控白板、智慧教室等教学硬件软件逐渐普及。近年来，在各级各类教育教学中使用信息技术教学比较普遍，对包括新教师在内的所有教师都提出新要求——优化信息技术教学，充分发挥学生的主体作用，激发学生兴趣，提高教学质量，促进学生发展。优化信息技术教学是新教师的基础性教育教学技能之一。那么，新教师如何优化信息技术教学呢？这里主要针对新教师的薄弱环节，从如下4个方面采取积极行动。

## 一、了解信息技术教学的发展阶段

新教师要了解信息技术教学的发展过程，以期对信息技术教学有个全盘认识，为优化信息技术教学奠定基础。信息技术教学的发展过程，没有严格意义的发展起点，也没有确定的发展终极目标，是向教育最优化无限趋近的过程。一般而言，信息技术教学经历计算机辅助教学、计算机辅助学习及信息技术与课程整合3个发展阶段，这3个发展阶段彼此交织在一起，没有明显的分界线，且高级阶段蕴含着低级阶段的发展特征。

### 1. 计算机辅助教学阶段

计算机辅助教学（Computer Assisted Instruction，CAI），指用计算机帮助或代

替教师执行部分教学任务，为学生传授知识和提供技能训练，直接为学生服务。计算机辅助教学是一种新颖的教学方式，主要是利用计算机的多媒体功能，辅助教师解决教学中的某些重点、难点，这些 CAI 课件大多以演示为主。与传统教学相比，其特点与优点主要表现在：注重个别化教学，因材施教；彰显以学生为中心，学生处于积极和主动的学习状态；教学直观、形象、生动，又简便易行；给学生以即时反馈；不受时间和空间限制；等等。

### 2. 计算机辅助学习阶段

与计算机辅助教学阶段相比，此阶段逐步从以教师的教为主转向以学生的学为主。计算机辅助学习阶段是在计算机辅助教学阶段上发展起来的，继承与发展了计算机辅助教学的优点与特点，强调利用计算机作为辅助学生学习的工具。例如，用计算机帮助搜集资料、辅导自学、讨论答疑，帮助安排学习计划等。也就是说，计算机辅助学习，不仅用计算机辅助教师的教，更强调用计算机辅助学生的学，重点落到学生的学上。

### 3. 信息技术与课程整合阶段

该阶段是信息技术教学的最高阶段，继承与发展了计算机辅助教学、计算机辅助学习的优点与特点。信息技术与课程整合，就是在各学科教学中，有效地使用信息技术，将教学系统中的各种教学资源和各个教学要素有机地结合起来，将教学理论、方法、技能与教学媒体很好地结合起来，在整个教学过程中保持协调一致，并发挥系统的整体优势以产生聚集效应，达到提高教育质量和学习效率的目的。整合是以一种自然的方式将信息技术作为工具和手段融合到学科课程教学中，就像在教学中使用黑板、粉笔一样自然、流畅。

信息技术与课程整合阶段的特点，不是把信息技术仅仅作为辅助教或辅助学的工具，而是强调要把信息技术作为促进学生自主学习的认知工具和情感激励工具，利用信息技术提供的自主探索、多重交互、合作学习、资源共享等学习环境，把学生的主动性、积极性充分调动起来，使学生的创新思维与实践能力在整合过程中得到有效的锻炼，培养全面发展的人。

## 二、掌握一定的信息技术教学理论

新教师掌握一定的信息技术教学理论，为提高信息技术教学能力、优化信息技术教学提供理论基础。信息技术教学理论有很多，如情景学习理论、建构主义学习理论、虚实交融理论、深度学习理论、交互式学习理论，等等。这里主要阐述当前很受关注的"混合式学习"理论。

不同的研究者对"混合式学习"提出了不同的见解。有人认为混合式学习是在"适当的"时间，通过应用"适当的"学习技术与"适当的"学习风格相契合，对"适当的"学生传递适当的能力，从而取得最优化的学习效果的学习方式；李克东教授认为，混合式学习可以看作面对面的课堂学习和在线学习两种方式的有机整合，其核心思想是根据不同问题和要求，采用不同的方式解决问题，在教学上就是要采用不同的媒体与信息传递方式进行学习。可见，对混合式学习的基本共识是，将传统学习与网络化学习结合起来，二者优势互补，获得最佳的学习效果。"混合式学习"理论的主要观点体现在如下 4 个方面。

一是学习理论的混合。混合式学习需要建构主义学习理论、人本主义学习理论、教育传播理论、活动理论、虚实交融理论、情境认知理论等多种学习理论的指导，以适应不同学生、不同类型学习目标、不同学习环境和不同学习资源的要求。

二是学习资源的混合。精心开发的在线课程、生动有趣的教师面授、教师同事或学生小组的经验分享、全面的资料积累等，把资源尽可能多地整合到一个平台上，建立"一站式"的学习，形成强大的知识管理中心，实现隐性知识显性化、显性知识体系化、体系知识数字化、数字知识内在化。

三是学习环境的混合。建立在完全以学生学习为中心的环境中，从信息到教学内容，从技能评估到支持工具，从训练到协作环境，一切围绕学生展开，有助于学生参与多个正式、非正式学习活动。

四是学习方式的混合。充分利用网络的力量，将网络学习与课堂面授有机结合。有实时与非实时、同步与异步的教师讲授，可进行讨论学习、协作学习、基于合作理念的小组学习，还有传统和围绕网络开展的自主学习。

拓展阅读：

### TPACK 理论——信息技术教学的新理论①

TPACK 是 Technological Pedagogical and Content Knowledge 的缩写，即整合技术的学科教学知识，是美国学者科勒和米什拉于 2005 年提出的。国内外学者对 TPACK 展开了大量的研究后，一致认为，TPACK 理论将有利于促进信息技术教学，有助于提高教师掌握和运用信息技术的能力。

TPACK 理论框架包含 3 个核心要素，即学科内容知识（CK）、教学法知识（PK）和技术知识（TK）；4 个复合要素，即学科教学知识（PCK）、整合技术的学科内容知识（TCK）、整合技术的教学法知识（TPK）、整合技术的学科教学知识（TPACK）。TPACK 理论的内涵主要包括以下两方面。

其一，TPACK 涉及学科内容、教学法和技术等三种知识要素，但并非这三种知识的简单组合或叠加，而是要将信息技术"整合"或"融入"具体学科内容教学的教学法知识当中。也就是说，TPACK 理论强调，不能只是单纯地强调信息技术，而是应当更多地关注信息技术环境下的"教与学理论"及方法，即"信息化教与学"理论及方法。

其二，TPACK 整合三种知识要素以后形成的新知识，由于涉及的条件、

---

① TPACK.［EB/OL］. https://baike. so. com/doc/7788431 - 8062526. html.

因素较多，且彼此交互作用，容易形成一种"结构不良"的知识；这种知识将要解决的信息技术整合于学科教学过程所遇到的问题，只能依赖每个教师的认知灵活性，在三种知识的结合与交叉中去寻找。强调教师是教学改革的积极参与者，课堂教学的设计者、实施者；在教学过程中，教师应起引导和监控作用。

## 三、灵活运用网络教学平台与工具性软件

新教师了解并熟练使用网络教学平台与工具性软件，有助于提高信息技术教学能力，优化信息技术教学。

### 1. 了解并熟练使用网络教学平台

从我国实际情况来看，网络教学平台主要有三大类：第一类是国家、各省（直辖市）的教育资源公共服务平台，如国家网络云课堂，后升格为国家中小学智慧教育平台及该国家级平台下的各省（直辖市）的子平台。

第二类是各省教育厅所辖下教育局等教育主管部门有针对性地开发使用的网络资源平台，引导教师根据需要选用。例如，由各省及地方教育主管部门或电教馆统一组织，通过电视台或数字电视专用频道（教育频道）直播或点播；或由各省及地方教育主管部门统筹组织当地优秀教师按科目录制课程，依托当地教育平台定时推送，通过"资源班班通"方式开展线上学习，并开展在线辅导、在线答疑等。

第三类是任课教师利用 QQ、腾讯会议、钉钉，结合实际情况自主设计课程，通过这些网络平台开展直播与答疑辅导。

新教师应该了解并熟练运用这些网络教学平台，充分利用其中的教学资源为自己优化信息技术教学服务。

### 2. 了解并熟练使用工具性软件

新教师要有序开展信息技术教学，还要了解并熟练使用一些常用的工具性软

件,如屏幕捕捉工具、常用图像处理工具、常用音频处理工具和常用视频编辑软件等工具性软件。

当新教师在准备信息技术教学时,想要获取屏幕中所需的内容时,就需要一款好用的屏幕捕捉软件来帮助,不仅仅能够获取需要的内容,还能对其直接进行编辑,既方便又快捷。

当新教师在准备信息技术教学时,想要对现有图片进行修改、转化、编辑时,就需要一款好用的图像处理工具来提高效率与质量,如 Photoshop、ACDSee、美图秀秀等。

当新教师在准备信息技术教学时,需要利用相关音频、视频材料时,就需要借助相应的软件处理器来剪切、合并、调速、编辑等,以期达到信息技术教学需求。音频处理软件有很多种,有的包含录音等功能;有的侧重于专业音频编辑和混合;有的有实时的效果预览,支持段落多重选择;有的可以合成声音或音乐剪辑;有的还可以创建和编辑语音、音乐和其他录音。常用的视频剪辑软件有 Adobe Premiere、iMovie、会声会影等。

## 四、优化多媒体课件制作

大部分情况下,新教师都需要制作、使用多媒体课件。从某种意义上而言,制作、使用多媒体课件是新教师开展信息技术教学的初步阶段,也是新教师最常用的教育教学基本技能。

多媒体课件,是一种调动多种媒体为其服务的手段,用电脑、投影仪或者电子白板等工具,通过放映的形式,展现与某课时相关的教学资料,包括文本、音频、图片、视频、动画等多种文件的组合体。常用的教学课件有 PPT、Word、PDF、Flash、网页等。新教师制作、使用多媒体课件,旨在更好地帮助学生融入课堂氛围,吸引学生关注课堂教学知识,增进学生对教学知识的理解,从而更好地实现教学目的。

新教师可以参考网上免费的课件。值得新教师注意的是，不要直接把下载的多媒体课件用于自己的课堂教学中，以免在实际教学中，出现课件与自己所教内容不匹配，或与自己所教学生的实际情况不匹配的情况。因此，新教师要杜绝照搬照用下载的课件，至少应对下载的教学课件根据具体的教学实际进行修改，符合自己预设的教学目的、教学内容、学生发展的需求。同时，新教师要好好学习一些优秀教师的优质课件，为自己制作多媒体课件提供范本与模板，促进信息技术教学进一步优化。

新教师还应学会一些常用的做教学课件的技术或软件。一款好的教学课件制作软件有助于新教师提高多媒体课件制作质量与工作效率。新教师根据自己的需求与爱好，选择一个或几个软件学习，并能熟练运用，提高自己制作多媒体课件的水平，优化信息技术教学。

# 关键 08

# 巧用教学机智

教学机智既是一门科学，又是一门艺术。教学机智表面上来看是课堂教学上"一闪即过"如"灵感"般的机智行为，实际上是教师一种可塑的教学素养，是教师不断积累经验、反思自我的沉淀。教学机智是促进包括新教师在内的所有教师专业成长的途径之一，也是新教师的基础性教育教学技能之一。新教师如何才能做到巧用教学机智呢？

## 一、了解教学机智的内涵与外延

新教师要在课堂教学中巧用教学机智，首先就要了解教学机智的内涵与外延，为巧用教学机智提供思想与观念基础。

根据马克斯·范梅南的研究成果，"教学机智"就是教学情境中的机智，是非对称性的，主要是指处于教学情境中的教师的智慧行动。具体而言，教学机智是指教师能够在与学生共处的教学时机中保持敏感，并能迅速地做出基于学生行动的教育性反应，而不是简单地为了保持良好的关系或避免触犯别人。因此，具体对新教师而言，教学机智是指新教师基于自己的角色，具有敏感而敏锐的判断能力，从而及时做出准确、迅速的行动。

一是新教师进一步明确"教师的角色"。范梅南认为，教师应该履行"替代父母"的角色。这就要求新教师要行使替代父母的权利和责任，应该关心学生、爱护学生、引导学生。

二是新教师应明确"机智"的界定。范梅南认为，机智包括以下4个方面。其一，敏感。新教师应对教学情境很敏感，及时感知到情境变化。其二，新教师能够理解孩子内心生活的心理和社会意义，能产生共情。其三，新教师具有良好的分寸感和尺度感。其四，新教师具有道德直觉的能力，面对教育情境中的事件能够直觉地感受并做出恰当的判断和行动。

三是新教师应明确"机智行动"的内涵。在新教师每天面对的教学情境中，具有无数个富有挑战性的教育教学时机。学生的不成熟性和软弱性，呼唤新教师在教学情境中有所干预和行动。为了让教学情境有效产生教育时机，新教师必须站在与某个学生或一班学生的关系位置上采取适当的行动。只有在具体行动中，才能建立起新教师与学生的教育关系。教师的"机智行动"是充满智慧的、全身心投入的，这是"机智行动"的基础。智慧是机智行动的前提，这种智慧包括敏感、迅速的判断力等，还需要运用智慧去全身心地投入行动。因此，教学机智就是一种教师在教学情境中的智慧行动。

教学机智绝不是传统意义上的教师为了"救场""化解尴尬"的雕虫小技，而是秉承为学生发展的教育理念、创造性地挖掘出课堂的教学资源、创造出有活力的课堂、提高教学质量的重要举措。

## 二、关注教学情境的复杂性和多变性

教学情境是师生在教学过程中所营造的氛围。教师、学生、物理环境、精神环境构成了教学情境。物理环境，主要是指教室的各种硬件和软件设施及这些设施的陈设与布置；心理或精神环境，主要是指师生的情感、情绪及学风等方面。

新教师要保持对教学情境的敏感、对现象的好奇，关注和理解学生的每一个动作和变化，才能更好地巧用教学机智，应对复杂的情境及其变化。加之新教师和学生都是具有能动性和主动性的个体，在教学情境中有多种多样的需求和变化，人的身体、心灵、情感都会随着时空的变化而发生变化。新教师要时刻关注学生发展状态的变化，对学生的行为形成做出准确的判断，才能巧用教学机智，调整自身的情感、态度和应对策略。可见，新教师只有关注教学情境的复杂性和多变性，敏锐感知、理解学生及其所在的教学情境，才能采取机智的行动。

## 三、采取不同的教学机智表现方式

新教师应根据所面临的不同情景，因时、因人、因情而采用不同的教学机智表现。一般而言，新教师主要采取以下几种教学机智表现方式。

其一，新教师可采取暂时克制、忍耐、等待、不注意等教学机智表现。在某些教育时机中，这是一种相对消极的教学机智表现方式，但在某些具体的教育情景中，确实是最合适的。例如，在上数学课时，有个学生故意发出动物的尖叫，该生在其他课上也是如此，很多情况下，教师不得不停下正在上的课来处理，该生不以为耻，反而觉得自己很厉害。数学教师听到该生的尖叫，装作没听到，继续上课。后来，该生在数学课上再也不尖叫了。这种教学机智，是用适时的克制和忍耐去解决意外问题，并非真的不去关注、不去解决问题。

其二，新教师可采取尊重学生的感受与体悟的教学机智表现。新教师只有与孩子保持平等、开放、相互尊重、相互理解的关系，学会理解孩子的生活体验，学会理解学生。在课堂教学中，才能恰当地运用教学机智。例如，语文教师布置了一篇作文《母爱》。一个学生情绪激动地站起来说："母亲，我见都没见过。李老师，我为什么要爱她呀？她值得我爱吗？我出生不久，她就抛弃我，离家出走了。"李老师听到这样的话，感到非常心疼，走到学生身旁，摸摸学生的头，说："好的，我知道了，老师理解你。"于是，李老师把作文题目改成《我最爱的人》，不规定具体对象，只规定情感写作的要求，让少数特殊家庭的学生都有内容可写。

其三，新教师可采取"承认错误、表扬学生"的教学机智表现。当教师在上课时出现失误或错误时，教师不能视而不见，也不能紧张与不知所措，牵强地解释，更不能恼羞成怒。例如，张老师在讲《闻王昌龄左迁龙标遥有此寄》这首诗的时候，板书"随君直到夜郎西"的"郎"错写成了"朗"。学生指出错字。张老师脸带微笑，表扬指出错字的学生既认真又勇于表达，希望其他学生向她学习。同时，把正确的字"郎"用红色粉笔大大地写在了错字"朗"上面，然后说："没有指出错误的学生是不是不够细心不够认真呢？这是每次考试容易写错的字，大家应引以为戒。"张老师的教学机智，不仅解决了一次危机，还进一步强调了重点字形。月考时，这个"郎"字全班学生全对。从此，学生们养成了挑错字、写正确字的好习惯。

其四，新教师可采取"即席创作"的教学机智表现。新教师的教学机智不是预设的，不可能提前演练与提前准备，而是情境中的临场发挥。新教师在教学中随时都可能遇到各种不同的情境，需以不同的方式去机智应对。新教师在教学过程中要巧妙把握时机，以完成教育教学任务和学生的健康发展为重，分清主次，灵活应变，不墨守成规。

## 四、加强教学经验的积累

教学经验不足的新教师，其教学机智明显低于有丰富经验的老教师。老教师因具有丰富的经验，在一般情况下，都能迅捷地把握住课堂教学中学生的思维闪光点，或灵活地化解各种预料之外的教学困境。而新教师往往因为经验不足，在课堂教学中，一旦出现困境难有教学机智，难免会出现手忙脚乱的状况。因此，新教师在课堂教学后要及时地总结经验，进行积极的反思。教学反思不仅要成为新教师的日常习惯，更要成为新教师总结、学习和思考的方式。教学中的纰漏、意外、突发事件等，往往都是新教师成长最好的素材。新教师通过总结经验与积极反思，有利于巧用教学机智、充分发挥教学机智的积极作用，逐渐形成个人教学风格和教育智慧。

拓展阅读：

语文教师巧用教学机智示例①

示例 1：教学机智隐现在课前看似无关的场景中

伴着上课铃声，语文课即将开始。王老师走到教室门口，发现教室里仍然一片喊叫和混乱，后排几个学生在打打闹闹，旁边还有几个学生在大声起哄。看到王老师之后，仓皇逃回座位上。教室安静了，学生们大气不敢出，等待王老师的批评。王老师定了定神，稳步走到讲台前，喊过"起立"后，没有让学生立即坐下，而是说："刚才教室里乱哄哄一片，我一定错过了最热闹的一幕。你们得用一个生动的句子来还原描述一下刚才的场景才能坐下。"

很快，有学生说："同学们吵吵嚷嚷，教室里就像菜市场一样。"有学生说："教室里乱成了一锅粥。"王老师问："这两个句子用了什么修辞手法？"学生答：

---

① 周春宝，张万香. 教学机智：跳荡在课堂场景中的隧火[J]. 小学语文教学，2022(7)：7-9.

"运用了比喻，把'教室'比作'菜市场''一锅粥'。"王老师继续提要求："能换一种修辞手法吗？"学生们思忖片刻，陆续回答："教室里吵得简直要把楼顶掀翻了！""教室里声音很大，震得楼板都快要倒塌下来了！""教室里的吵闹声，十里之外都能听得到。"……一个比一个说得夸张！王老师接着问："你和兄弟姐妹在家里大闹，父母常说的一句是什么？""闹翻天！"一个学生说。其他学生不停地附和："对！对！这也是夸张句！"

瞧，就是这样一个再熟悉不过的课前闹哄哄的场景，王老师根据刚刚学生学过的修辞手法，经过巧用教学机智引导后，把一个闹哄哄的情景演变成学生学习和运用语言文字的阵地。在部分教师看来，为了防止扰乱正常的教学秩序，通常的做法是，大声呵斥，迅速提醒学生集中注意力回归"正题"。殊不知，语文是母语教学，只要我们用心聆听，细心观察，任何现实场景都会成为语文教学的资源之一。王老师就敏锐地捕捉到了课前发生的意外和语言运用、修辞手法的内在关联，采取"用带修辞手法的语言还原场景"的手段，引导学生将所学到的修辞手法在具体的语言环境中迁移运用。王老师巧用教学机智，有助于帮助学生学习语言、运用修辞手法与运用语言，与其费尽心思地创设虚拟的情境，不如巧妙地利用身边那些真实、鲜活的场景，没有成本，又浑然天成。

示例2：教学机智浮现在课始悄然生发的游戏中

上课了，师生互致问候后，王老师准备在黑板上板书课题，忽然，又停了下来，仿佛想起了什么，转身面向学生，说："请大家闭上眼睛，什么都不说，听听周围有什么声音。"教室瞬间安静下来，只听得风扇呼啦啦地转动着。"你们听到了什么？"一会儿，王老师请学生睁开眼睛，说一说刚才捕捉到的声音。"我听到了桌子移动的声音。""我听到了楼下三轮车的声音。""我听到谁的屁股摩擦椅子的声音。"大家都笑起来，但很快又安静下来。"我听到了隔壁班上正在放英语听力。"

这时，王老师总结道："是啊，在听声和回答听声的过程中，时间已经悄悄过去了两分钟。一天、一周、一月、一年，时间就是这样不经意地在我们眼前、耳边、指尖悄悄地溜走。六年的小学生活又何尝不是如此，它也在我们不知不觉中匆匆逝去，而且一去不复返了。"望着大家若有所思的表情，王老师似乎感觉到时机已成熟，激动地说："今天，我们就一起来学习著名作家朱自清的散文……"拿起粉笔，转身在黑板上书写了两个刚劲有力的大字——《匆匆》。学生们忽有顿悟，饶有兴致地打开书学了起来……

课堂是灵动的、充满生命力的。案例中的课堂导入并非教师事先预设，而是根据当时的课堂场景，机智地利用听声音游戏情境，巧妙地将其与要学的课文内容联系起来。学生在不知不觉的游戏中，加深了对时间这个抽象概念的理解，感悟到时间流逝之快，很快进入课文描述的情境。

教学机智是教师"即席创作"的艺术。如果新教师能将课堂教学的意外与"即席创作"的教学机智转化为学习资源，可以最大限度地发挥其教学价值，促进教学上的发展。

# 关键09

# 改革学生评价

学生评价是指根据一定的标准，通过使用一定的技术和方法，以学生为评价对象所进行的价值判断。它是学校教育中每一个教师都必须实际操作的一项重要内容，也是新教师的基础性教育教学技能之一。那么，新教师如何做好学生评价改革呢？

## 一、学生评价的基本原则

新教师进行学生评价改革时，除了应遵循教育评价的方向性、公开性、客观性、科学性、可行性、激励性等一般原则外，还要以促进学生发展为基本指向，遵循发展性、多元化、全面性、差异性等基本原则。

### 1. 发展性原则

发展性原则是新教师进行学生评价改革时应遵循的最重要、最基本的原则。学生是不断发展中的人，正处于身心成长发育期，可塑性强。新教师在开展学生评价时，应以促进学生发展为目的，为学生的发展服务，不仅要关注学生当前的现实表现，更重要的是引导学生未来的发展，促进每个学生在已有水平上不断地得到发展与提高。学生评价的发展性原则，就是学生评价以促进学生发展为目的，为学生的发展服务。也就是说，新教师在进行学生评价改革时，要从注重"过去"和"现在"，转向注重"将来"和"发展"。

因此，新教师应该在评价内容、评价方法、评价工具、评价反馈等方面突出学生评价的发展性功能。一是改变过去学生评价过分强调甄别与选拔的做法，充分发挥评价的激励、导向和促进发展的功能，使评价的过程成为促进学生发展与提高的过程。二是在制定学生评价指标时，要根据学生身心发展阶段性来确定不同发展水平的评价指标，循序渐进地提出合理要求。三是要用发展的眼光看待学生，不仅要看到学生现有的水平，还要看到学生潜在的发展可能性，通过学生评价来激发学生主体自我发展的意识，让基础不同的学生都发挥其潜能，取得最大的成功。

### 2. 多元化原则

多元化原则是新教师进行学生评价改革时应遵循的主要原则。多元化原则是新教师进行学生评价改革时，要从学生发展的多样性、动态性、水平的差异性出发，要同教育教学活动紧密结合，多视角、多维度、多层次、多侧面地认识问题，多渠道收集信息，从而更好地达到学生评价的目的。

多元化原则具体包括3个方面。一是评价方法的多元化。新教师要善于结合实际情况，根据不同的评价目标和评价内容选择恰当的评价方法，除考试或测验外，还要灵活利用其他科学、简便易行的评价方法，如课堂行为观察、谈话、口试、作业分析、成长记录袋评价、表演、做实验等。二是评价主体的多元化。新教师要倡导多主体参与评价，重视学生、教师、家长在评价过程中的作用，改变以往单独由教师评价学生的方式，引导学生积极进行自我评价及学生与学生之间的相互评价，指导家长参与学生评价，使学生评价成为教师、学生、家长、社会相关人员共同参与的多元交互活动。三是评价内容的多元化。新教师不仅要评价学生学业发展，而且要评价学生其他方面，如认知、情感、技能、德智体美劳各方面的情况。也就是说，新教师进行学生评价改革时，要突破原来只重视学生的学习成绩的作法，拓宽评价内容，还要重视学生的思想品德、学习能力、创新能力、实践能力等多方面潜能的发展。

### 3. 全面性原则

全面性原则是新教师进行学生评价改革时应遵循的主要原则。全面性原则，就是新教师综合运用各种评价手段和方法，广泛、充分地对学生的基本素质、学习过程和成果进行全面评价，全面地占有评价信息，促进学生知识、能力、素质的全面发展。

全面性原则具体包括全员评价、全面评价、全程评价等 3 个方面。全员评价，就是新教师面向全体学生进行评价，所有学生都要接受评价。全面评价，就是新教师在学生评价时，应全面地收集反映学生学习和发展的全部信息，进行全方面的评价，把握全体学生发展的整体状况，而不只是评价学业成绩或学业结果。全程评价，就是新教师把诊断性评价、形成性评价和终结性评价有机结合为一个整体运动过程，在一定的时域内，不断地循环往复，动态地监控学生发展和培养的全过程。

### 4. 差异性原则

差异性原则是新教师进行学生评价改革时应遵循的主要原则。差异性原则，是指新教师应从学生实际出发，在评价内容、方法、标准等方面既要注意对学生的统一要求，又要尊重、关注学生的个体差异及对发展的不同需求，用"多把尺子"衡量学生，不能"一刀切"，为学生有个性、有特色的发展提供一定的空间，使每一个学生都能各得其所获得发展和提高。

新教师要改变学生评价片面追求评价标准的统一性的局限性，应注重不同学生的差异性、多样性与个性化，在评价中要根据学生的不同思想、文化、身心发展基础，制定不同的发展目标、评价内容和标准，因材施评。新教师应充分考虑不同年龄阶段的学生在身心特点、生活阅历、知识结构、认知水平和理解能力等方面存在着极大的差异，有着不同的发展需要、意愿、倾向、优势和可能性。新教师还应充分考虑，即使是不同的学生完成同一活动，同样会表现出不同的水平。因此，新教师应充分考虑学生的特点，在评价内容、方法、标准等从学生的实际出发，因人而异。评价的最终目的是使每一个学生通过评价都能得到发展和提高。

## 二、学生评价的主要方法

新教师评价学生的方法有很多，在实践中，教师评价学生常用的方法主要有测试法、观察法、作业法、调查法、表现性评价法、学生成长档案袋评价法等，每一种评价方法都有其适用的对象和范围，也都有其自身无法克服的局限性。新教师在评价中应注意选择恰当的评价方法，做到多种方法综合运用，以保证评价信息的真实性和有效性。下面主要介绍一些新教师值得关注的学生评价方法。

### 1. 演示法

演示法是一种学生按新教师的要求相应做出的能力表现，学生借此展示他能够使用知识与技能来完成一件任务。学生演示的任务通常是定义良好的，而且学生和新教师（或其他评价主体）知道完成演示的正确或最佳的方式。例如，在体育课程中，体育教师采用该方法来评价学生，一般通过学生演示相关动作是否标准及其标准的程度、熟练度等方面来打分。

### 2. 口头表述法

口头表述法是学生根据新教师要求，以独白或对话形式完成学习任务，如学生课堂回答问题、参与演讲比赛、朗读课文、参与辩论赛等。新教师通过学生口头表述，可以较好地评价学生的表达能力、思维逻辑能力和概括能力，还可以在一定程度上评价学生的思维过程及对所掌握知识的理解程度。

### 3. 模拟表现任务法

模拟表现任务法是学生根据新教师设置的局部或全部模拟真实情境，完成一个具体的表现型任务，如设计一个生态社区方案。新教师就是通过学生在模拟情境中完成表现性任务所显示出来的技能和能力来评判学生的综合素质如何，特别是学生知识面的宽窄程度、口头表达能力的高低、与人交流和合作能力的高低及其他非智力因素的发展水平等。

新教师采用该评价方法时，要注意两个方面：一是应模拟真实情境；二是学生要完成模拟表现任务，需要综合多个学科知识才能解决问题。例如，王老师教综合实践课程，他布置了这样一个题目："你所在的市政建筑公司参与项目竞标一块所在社区的公共空间的重新设计，用来提高该空间的用途和改善空间环境。基本目标是使得这个公共空间能够让本地区居民有一个公共的休闲活动场所，使本地植物能够有良好的生态环境。设计的方案还需要考虑一定的教育功能，帮助本地居民了解本地区的草本、灌木和树本植物。你所在的团队负责该公共区域的选址，使更多居民或访客参观该植物园；并研究所选地块，绘制设计草图，提交包含促进本地植物良好的生态环境建议，准备用于社区居民生态教育的相关资料。"

### 4. 实验法

实验法是学生根据新教师要求做出的相关能力表现，包括实验计划、实施、结果及解释实验研究结果的全过程。新教师通过学生在实验过程中的表现（如实验前准备、收集实验数据、分析实现数据，展现实验结果）、实验实施的规范程度、实验结果的达成度等方面来评价学生是否运用了适当的实验探究技能与方法，评价学生是否形成适当的观念框架及对实验现象是否形成一种理论性的、基于学科知识的解释。该方法主要用于物理课、生物课、科学课及综合实践活动课。新教师为了通过实验法评价学生以上能力，要求学生在实验前就做计划、读文献，然后具体地实施实验，并在实施过程中收集、整理、分析实验数据，再展示、解读实验结果，论证实验结果。这样，新教师通过实验法才能有效地评价学生的能力，促进学生的发展。

**5.档案袋法**

档案袋，也称作品选集，最初是艺术家、摄影师、作家用来收集、展示其最佳作品的。后来，该方法被一些教育工作者用作表现性评价的基本方法。档案袋法，是根据一定的目的，由学生自己、教师或家长选择或做出评论的相关材料（如学生作品、学生进步记录、学生成果、学生反思等）的不断汇集，以评价学生发展过程的进步情况的一种评价方法。

新教师在学生评价改革中使用档案袋法，需要注意3个方面：一是学生作品与相关记录，是属于学生的成果，包括测验卷、作业、学习心得、反思材料、小组评价、教师建议等，可以是文字，也可以是图像，还可以是实物材料；二是有目的地收集与选择，不是学生的任何东西都可以放档案袋里，重点要选择体现学生发展的作业样本、成绩证据或体现学生进步的标志性材料，这些材料必须具有真实性，体现学生个性；三是一段时间内的进步，是指收集的材料有一个时间段，一般是一个学期或至少一个月不等。

拓展阅读：
### 小学三年级数学"1＋X"档案袋评价法的探索①

浙江省杭州市某小学的张老师在其数学教学过程中，探索了一种"1＋X"档案袋评价法，取得了很好的成效，供新教师参考。

1.设计1＋X档案袋评价的内容

（1）设计以"学会数学"为目标的"1"基础性评价内容，包括以下3个方面。

---

① 张燕飞.一"袋"一录:构建小学数学中段"1＋X"档案袋评价设计与实践[J].数学学习与研究，2023（12）:158－160.

一是学生课堂表现。针对课堂表现所要达到的评价目的，包括课前准备（作业上交、物品摆放、文具准备、课前3分钟准备）和课堂表现（倾听、合作、发言、点评）两个方面的评价，进行一日一记、一周一评、一月一反思。

二是作业表现。教师为了了解学生对新知识的掌握情况，有针对性地根据教学内容来设计相应的作业练习，如三年级上册的教材特定作业是有关"计算能力"的作业。

三是形成性表现。结合每月数学教学内容，按基础知识、基本计算、综合应用分别进行形成性练习，并将获得的等级转换成积分形式，进行过程性记录。

（2）设计以"会学数学"为目标的"X"能力性评价的内容。真正全方位的评价学生，怎样借助"档案袋"评价学生的"X"能力呢？包括以下3个方面。

一是每日好题分享活动。借助好题分享，以同伴分享或拍摄视频的方式，引导学生较清楚地表达思考过程和结果，发展"数学表达能力"。

二是每单元思维导图整理活动。借助于思维导图，为学生提供思考框架，深化知识的表达与理解，发展"数学思维能力"。

三是每月实践活动。根据教学内容设计数学实践活动，培养学生应用意识和实践能力，发展"问题解决能力"。

2.具体实施"1＋X"档案袋评价

"1＋X"档案袋评价内容设计后，就可开始具体实施。在实践中按照"建档、存档、流通"的三步骤，与学生共同创建属于自己的数学能力档案袋。

（1）建档。"1＋X"档案袋建档包括如下3个方面。

一是设计个性化档案袋封面。组织学生动手设计具有数学元素、自己喜欢的档案袋封面，引导学生把档案袋作为自己数学学习中的好朋友。

二是制定统一化星章。三年级学生以培养数学学习习惯为主，在作业表现方面，除了对课堂作业本、数学书等做相应的积分等级记录外，以计算为主，制定"1"基础数学星为课堂星、计算星；"X"能力数学星为展示星、表达星、实践星；结合班级智慧树中队特色，进行班级特色的各"1＋X"数学星的设计。

三是前置化评价标准。在进行"1+X"档案袋评价前,结合三年级上学期学习内容,向学生预告学期评价的主要内容,引导学生对评价的内容做到心中有数。

(2)存档。存档就是把"1+X"档案袋评价过程一一记录下来,并存放在档案袋里。每月需要存档的内容见下表:

**"1+X"档案袋评价存档内容**

| "1"基础性档案 | "X"能力性档案 |
|---|---|
| ①每日数学课堂表现档案; | ①"数学表达能力"作品档案; |
| ②每日数学作业表现档案(数学书、作业本); | ②"数学思维能力"作品档案; |
| ③单元形成性表现 | ③"数学问题解决"作品档案 |
| 其他:数学类奖状、阶段性其他数学作品 | |

(3)流通。就是根据"1+X"档案袋的资料,定期开展"学习先锋袋""学习增量袋""学习成果袋"的评价与反馈。

一是每周评"学习先锋袋"。"学习先锋袋"主要评比的是基础性数学星(课堂星与计算星),课堂星进行小队积分评比,计算星进行个人评比。例如,"学习先锋袋"之课堂星优胜小队评比规则:每周星数达30星及以上的为"课堂星",加5分;小队内星数最低的不加分;达到平均分的加3分,高于平均分加4分,低于平均分的加2分。每周展示"学习先锋袋",使档案袋里的内容变得具有"可见性",每周表彰学生和小队。

二是每月评"学习增量袋"。根据每个学生最近两个月的情况进行对比,有进步的学生就可以评上"学习增量袋"。"学习增量袋"主要是鼓励进步的学生,让一部分得不到"学习先锋袋"的学生有努力的方向,不断超越自己上个月的得分。

三是每个期中、期末评"学习成果袋"。一学期设置两次大型学生数学学习成果展示:一次是期中家长会时,向家长展示;另一次是期末总结时,向全班学生展示,并引导学生对自己档案袋内容进行全面反思,为一学期总结做好准备。

"1+X" 档案袋评价实践，有效提升了学生数学学习兴趣、增强了学生自我反思能力、培养了学生数学核心素养，得到学生、家长的大力欢迎，取得了较好的成效。

## 三、改革学生评价的有效举措

### 1. 注重评价内容的全面性

教育的目的是培养德智体美劳全面发展的人。因此，新教师进行学生评价改革时，要打破传统的"唯分数论"，促进学生提高知识素养、技能素养与品质素养，即促进学生的全面发展。可见，要全面地记录评价内容才有可能促进学生的全面发展。例如，在道德品质方面，教师注重评价学生的行为习惯、社会责任感等；在学业方面，注重评价学生的学习习惯、学科成绩、阅读能力、创新精神等；在身心健康方面，注重评价学生的身体素质和心理健康状况等；在美术素养方面，注重评价学生的感受能力、表达能力等；在劳动与社会实践方面，注重评价学生的劳动观念、实操能力等。

### 2. 注重评价对象的分层性

新教师在开展评价改革时，要关注评价对象——学生的多层性。一是体现在包含多个学段的学生，如小学、初中、高中学段的学生；二是每个学段，还有年级的学生；三是即使同一个班的学生，也是参差不齐的。不同学段、不同年级、不同学生在认知能力、心理成熟度、身体发育状况、生活能力等方面都存在着较大差异。因此，评价对象的分层性，新教师采取的评价内容、评价方式等也是分层的、不同的。新教师要根据自己所教学生的学段、年级、班级的实际情况，充分考虑他们的层次性与不同性，实施分层性的"学生评价"。这样的学生评价，才能够更精准、更具体、更有针对性，更好地发现学生存在的问题，促使新教师及时、合理地调整教学方案和教学实施，更好地促进学生发展。

例如，评价一年级学生，要考虑到一年级学生刚入学，重点在于学习习惯的培养。因此，新教师应更多地评价他们书写姿势是否正确、是否开始养成好的学习习惯等。又如，评价低年级学生的花样跳绳，要考虑到他们肢体的协调性和灵敏性方面的不足。因此，新教师评价时应采用"一级套路标准"来实施评价。而中高年级的学生在运动素养等方面有较大的发展，因此，新教师评价他们时，可以分别采用"二级套路标准"和"三级套路标准"。如果用同样的评价标准去评价不同层次的学生，是不科学的，也难以发挥评价的督促、引导、管理与激励等作用。新教师在评价学生时，应充分尊重学生成长的客观规律。评价不同层次的学生时要体现层次性，才能促使不同层次的学生不断进步。

**3. 注重评价主体的多元性**

新教师在进行学生评价时，要充分增加评价主体的多元性，改革传统评价仅仅注重教师对学生评价的情况，而要引导家长、学生、学生同伴等其他主体都各有侧重地参与到学生评价中来，并进一步整合他们的评价结果，按一定的权重，得出一个总的评价结论，有助于评价结论更科学，教师更全面、更客观地了解学生。

例如，一位新教师评价初中二年级学生的课外阅读情况时，有如下评价主体参与：一是新教师评价学生每天课外阅读的时间、写读后感、询问或测验学生对相关课外书籍的理解、掌握程度；二是家长评价学生在家课外阅读状况；三是学生评价自己课外阅读情况，如优点、不足等；四是其他学生相互评价课外阅读情况。新教师整合这4个评价主体对学生课外阅读情况的评价情况，有助于得出更客观的评价结论。

**4. 注重评价渠道的灵活性**

在日常教学中，教师对学生的评价容易存在一定的滞后性，导致评价结果比较片面。对此，新教师要根据相应的评价内容，采用线上评价与线下评价渠道，及时、全面地了解学生的成长情况，实施有针对性的指导。

例如，新教师在评价学生的古诗词学习情况时，由于时空的有限性，难以在较短的时间内，通过现场这个渠道让学生一一背诵来了解学生古诗词的掌握情况。新教师可充分利用网络信息技术，借助线上渠道，让学生把背诵古诗词的音频视频内容发到 QQ 群、微信群等，来评价学生古诗词学习情况。新教师还可以开展古诗词测试活动，向学生分发古诗词竞赛答卷，统计学生的考试分数，从而对学生的古诗词积累情况做出直观的评价。

**5. 注重评价反馈的多样性**

新教师评价学生后，不是评价就结束了，还要及时通过多样化的方式反馈给学生，进一步发挥评价的功能与作用。评价后，新教师可以组织学生进行经验总结，引导学生进一步分析自己存在的问题及其原因分析与优化对策。新教师可以对少数退步的学生单独谈话，帮助他们分析问题，提供一定的帮助，鼓励他们进步。新教师可以开展表彰活动，大力表扬，引导学生持续发展与进步。总之，新教师应根据实际情况，开展多样化评价反馈。

例如，在评价学生的阅读素养时，新教师把写得好的读后感在班级的"学习园地"上展示，也可以对优秀的学生赋予"阅读之星"的称号，还可以对进步大的学生赋予"阅读未来之星"的称号，可以请优秀的学生在班上介绍自己成功的阅读经验和有效的阅读技巧，给其他学生树立学习的榜样。通过这些形式多样的评价反馈活动，引导学生产生成就感，不断反思，不断发展自我、提升自我。

拓展阅读：

**新教师开展学生评价改革的注意事项①**

1. 形成性评价与总结性评价相结合

形成性评价的重点在过程，注重对学生某一阶段学习过程进行评价，为下一阶段的学习奠定良好的基础。结果性评价是对某一学期或某一学年结束后对教学目标达成情况进行判断，其目的旨在区分等级、鉴别优劣。传统的学生评价过于重视总结性评价。随着社会的发展、人才观念的改变，以及教育理念的转变，改

---

① 杨甜甜.论学生评价创新的理论基础、原则和策略[J].当代教育论坛，2005(22)：26 – 28.

革学生评价，要淡化总结性评价的甄别与选拔功能，强调形成性评价的促进发展功能。两者在评价中各有其独特的作用和价值，应相互结合，既重视形成性评价，也重视结果性评价，共同为促进学生的发展服务。

2.学生自评与他评相结合

传统的学生评价，往往仅注重教师对学生学业成绩和思想品德做出评价，学生及其他人没有参与评价的权利和机会。这样的评价容易引起学生的反感和抵触，难以有效发挥评价应有的作用。因此，要改革学生评价，充分发挥学生在评价中的主体性、主动性和积极性，引导学生参与评价，与评价主体（如教师、家长和评价专家等）进行交流、对话和协商，共同建构评价目的、确定评价内容和方法。另外，还要积极地引导学生开展自我评价、学生之间的相互评价。在他评的基础上，结合学生自评，做出最终的评价结论，并将评价结果及时反馈学生，使评价转化为学生的内在激励，实现评价促进学生发展的目的。

3.量化评价与质性评价相结合

量化评价因其准确、高效、易操作等优点被广泛地应用于学生评价，但自其产生之日起，质疑与批判也未曾停止过。其中，最大的问题是量化评价难以胜任很多复杂现象的评价，比如人的需要、心理、情感、态度、价值观等，无法进行准确的测量和量化。因此，应改革学生评价，加强质性评价，弥补量化评价的某些不足。然而，质性评价也有缺陷，容易受评价者的主观影响，不同的评价者往往会得出不同的评价结论；同时，质性评价对评价者自身的专业水平要求也较高。可见，量化评价和质性评价各有其优势和不足，恰好相互弥补。二者相结合是学生评价改革的路径之一。在当前条件下，学生评价还是要以量化评价为基础，附以一定的质性评价加以说明，综合二者的权重得出评价结论，保证评价的准确性与有用性。

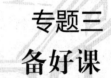

专题三
备好课

　　备好课是"上好课"的基础和前提条件。备课主要分析学生情况、教学目标、教学内容、重点难点、教学方法、教学实施、作业设计、板书设计、课后反思等方面。这里根据新教师的需求，主要涉及备学生、备教学目的、备教学内容、备教学方法、备教学过程（课堂教学具体实施过程的预设）。

# 关键 10

## 了解学生情况

了解、分析学生情况是新教师备好课的重要组成部分，也是备好课的基本条件之一。新教师在备课时，要全面了解、分析学生情况，包括学生的身心发展特征、学习基础、思想品质、生活经验、学习习惯、学习方法与能力、特殊学生情况，等等。新教师应根据实际情况，重点了解、分析学生以下 3 个方面。

### 一、了解学生的身心发展特征

新教师根据自己所教班级的学生处于哪个年龄段，全面了解学生的身心发展特征，为备好课、上好课奠定扎实的基础。

#### 1. 学生身体发展的特征

新教师要了解所教学生的身体发展特征。不同学段的学生，其身体发展的特征不一样。例如，小学生身体发育一般具有以下特征：年龄一般为 6~7 岁至 11~12 岁；身体发育正处于两个生长发育高峰之间的相对平稳阶段；身高平均每年增长 4~5 厘米，体重平均每年增加 2~3 千克，胸围平均每年增宽 2~3 厘米。女生处于整体发育加速期，包括身高生长高峰期和体重增加高峰期，大多比男生早 1~2 年。随着物质生活水平的提高，女生、男生的生长发育期均普遍提前了。

不管所教学生是小学生还是中学生，新教师都要重点了解学生的大脑发展情况。作为高级神经中枢的大脑，机能不断发展，把大脑各部分联系起来的联络神经纤维在大量增加。脑神经细胞的分化水平不断发展，以词为现实的第二信号系统的作用有明显提高。由于脑神经系统的发展，学生学习能力、生活能力的加强有了基础。学生逐渐能进行比较复杂的脑力劳动，学习比较系统的科学文化知识和一些理论知识。尽管如此，学生的大脑发展仍不够完善，作为高级神经活动的两个基本过程——兴奋和抑制过程，仍处于不平衡的状态，在学习、生活、心理等方面会出现大的波动现象。因此，根据学生大脑发育情况，他们不能坚持长时间的学习，特别是理论性知识，容易产生疲劳，新教师要指导学生劳逸结合，不任意加重学生的课业负担。

**2.学生心理发展的特征**

新教师还要了解所教学生的心理发展特征，尤其要注意学生以下方面的变化特点，且在备课中采取适当的对策。

新教师要了解所教学生的感知、注意力、记忆等方面的特征。学生逐渐从笼统、不准确地感知事物的整体渐渐向能够较准确地感知事物的各局部，逐渐发现事物的主要特征与事物各局部间的相互关系方向发展。学生的注意力逐渐从不稳定、不持久向稳定、持久发展；学生的记忆从最初无意识记、具体形象识记和机械识记为主逐渐向有意识记、抽象识记和意义识记为主发展。

新教师要了解所教学生的想象、思维等方面的特征。学生的想象逐渐从形象、片面、模糊向着越来越正确、完整地反映现实的方向发展。例如，低年级的小学生，想象具有模仿、简单再现、直观、具体等特点，到中高年级，他们对具体形象的依赖性逐渐越来越少，创造想象逐渐发展起来。学生的思维从以具体形象思维为主要形式逐步向以抽象逻辑思维为主要形式过渡，但他们的抽象逻辑思维在很大程度上仍是直接与感性经验相联系的，具有很大成分的具体形象性。

新教师要了解所教学生的情感、意志等方面的特点。随着年龄的不断增长，学生的情感逐渐变得稳定、丰富、深刻。例如，低年级的学生虽然能初步控制自己的情感，但常有不稳定的现象。到了高年级，他们的情感更稳定，自我尊重以及希望获得他人尊重的需要日益强烈，道德情感也逐渐发展起来。另外，尽管学生的身体器官生长发育得很快，精力旺盛、活泼好动，然而，他们的自制力还不强，意志力较差，遇事容易冲动，常常靠外部的压力来完成任务。随着学生的成长，意志活动的自觉性和持久性逐渐提升，逐渐靠自己的内驱力与自觉的行动来完成任务。

学生的心理发展具有不断完善的特征，很多时候处于两者的冲突与矛盾中。因此，新教师需要辩证地去把握学生的心理发展特征，并根据他们的身心发展特征，在备课时采取适当的举措。

## 二、了解学生的学习基础

新教师在备课中，还要了解自己所教学生的学习基础，为备好课、上好课搭建新旧知识的桥梁，为循序渐进地开展预设与实施课堂教学奠定扎实的基础。如果新教师没有全面了解学生的学习基础，在备课时与实际的课堂教学时容易造成新旧知识之间的脱节，即使教师认真讲，学生认真听，也会出现学生听不懂、掌握不了新知识的状况。因此，新教师只有在上课前对学生的学习基础做到了如指掌，才能在备课时根据实际情况做出合理的课前预设。预设学生在学习新知识时碰到什么问题，以及需要采取哪些相应的举措，这是新教师提高教学质量的基础。

新教师应根据自己所教班级的实际情况，全面了解学生的学习基础。如果新教师任教的课程是小学一年级的数学或语文，应对学生做如下全面了解：有哪些学生在学前教育阶段就学过小学的内容，学了哪些内容——认识了哪些字？认识的字会写吗？识字量如何？课外阅读情况如何，阅读能力如何？哪些学生学会了10以内或百以内加减运算？书写情况如何？学习习惯如何？等等。

如果新教师接手的是其他教师任教的课程，则要对学生的学习基础做如下了解。当接手其他教师的语文课程时，新教师可专门找个时间，向原来的任课教师请教班上学生的语文学习情况；还可通过与学生谈话、查阅学生语文作业、语文试卷等方式，全面了解学生的语文学习基础。例如，了解学生现有语文知识掌握情况、听说读写能力发展情况，在哪些方面有优势，在哪些方面存在缺陷，以及如何提升；了解学生学习语文的方法是主要侧重背诵方法，还是理解方法，抑或知识应用方法；了解学生学习语文时是否只关注课堂学习，还是兼顾课前预习和课后复习；等等。

即使新教师接手的是自己连任班级的课程教学，也要对学生的学习基础作全面的了解与反思。新教师重点关注自己所教学生的课程学习情况。例如，课程学习哪些方面需要查漏补缺，哪些方面的优势需要继续发扬，哪些方面做得不好需要持续改进；既要分析全班学生课程学习的一般情况，也要分层地了解该课程的学习情况，便于备课或实际课堂教学时在整体要求的基础上因材施教。

## 三、了解特殊学生的情况

新教师在备课时，还要了解班上离异家庭学生、留守学生、心理疾病学生、身体疾病学生等特殊学生的情况。这些特殊学生，需要新教师在备课时特别关注，在预设课堂教学时才能有针对性地个别指导或因材施教。离异家庭学生、留守学生，由于父母照顾、关爱的缺失，或多或少地影响着这些学生的学习与心理状况。心理疾病学生、身体疾病学生，由于身心问题，或多或少影响着这些学生的学习情况或其他活动情况。

新教师一般了解特殊学生以下情况。他们的家庭情况是否对这些特殊学生的课程学习产生影响，产生的是积极的影响还是消极的影响？这些学生的家长与学校的配合程度如何？家长对子女的要求有哪些？家长对孩子的教养方式如何？学生的课余时间如何安排？这些学生的个性特征、兴趣爱好、生活习惯、学习习惯怎样？等等。

例如，某新教师全面了解班上一个离异家庭汤同学的情况：4岁时，父母离异，一直和年过六旬的奶奶住在一起。父亲常年不在家，对孩子不管不问，母亲离异后杳无音讯。奶奶没啥文化，无法辅导其学习，也无法管理好孩子。孩子在家常常玩手机；对学习缺乏热情，进取性、自觉性不强；作业不能按时完成，应付了事；上课纪律性差，有时还逃课，学习成绩很差。新教师了解该学生情况后，在备课时特意在新知传授过程与作业环节做标注，关注该生的学习情况，加强对他的作业进行当面批改，多鼓励。

拓展阅读：

### 班上22位留守学生的学习情况分析

某位新任职的乡村语文教师调查了班上22位留守学生的学习情况。一半以上的留守学生学习目的较明确，学习态度较端正，学习认真较刻苦且具有较强的竞争意识；部分留守学生缺乏自信心，不敢在课堂上发言；还有一小部分学生的时间观念不强，课后只顾玩耍，布置的作业不能及时认真地完成，最后干脆不交作业了。在作业方面，要引导留守学生合理安排时间，多提醒他们，保证作业及时上交。少数留守学生书写潦草，对学习缺少兴趣，针对这种情况，应采取鼓励措施，多帮助，少挖苦，多鼓励，少批评，引导他们明确学习目的，端正学习态度，增强努力学习的信心和勇气，努力把学习搞好。

一半左右的留守学生不懂学语文的方法，只会死记硬背、机械记忆知识，对所学知识灵活运用的能力不强。学生独立自主的能力有待提高。班中只有少数留守学生掌握了一定的学习方法和形成了良好的学习习惯，课外阅读能力强，语文素养较高。今后在教学中要激发学生，以小组为单位开展学习，拓展课外知识面，丰富学生的语文素养。

平日注重加强对这些留守学生的基础知识辅导和各种能力的培养，引导他们增强努力学习的信心和勇气，明确学习目的，端正学习态度，培养好的学习习惯，教给他们学习语文的方法，引导他们在原有的基础上提高语文水平。

# 关键 11

# 明确教学目标

明确教学目标是新教师备好课的重要组成部分，也是备好课的基本条件之一。新教师在备课时，要明确教学目标的发展历程，明确所教课程的总教学目标与学段目标、学期教学目标、单元教学目标、课时教学目标。这是一个由总目标不断向分目标分解的教学目标体系，有助于新教师整体、全面地把握所教课程。

## 一、教学目标的发展历程

随着教育教学改革不断深入，我国教学目标经历了从"双基"的"一维目标"到"三维目标"再到"核心素养目标"不断演变的发展过程，体现了从学科知识到学科本质，再到学科育人价值的转变。

### 1. 从"双基"的"一维目标"发展到"三维目标"

2001 年新课程改革以前，我国的教学目标以"双基"的"一维目标"形式体现。"双基"的教学目标就是基于教学大纲和教材，让学生掌握基础知识、发展基本技能。

2001 年启动课程改革以来，我国的教学目标基于课程标准，以"三维目标"形式体现。"三维目标"即"知识与技能""过程与方法""情感、态度与价值观"，在原来"一维目标"的基础上增加了"过程与方法"和"情感、态度与价值观"的教学目标。从此以后，各门课程的教学目标，除"双基"以外，还要关注学生学习方式和学习能力的发展，关注学生情感、态度与价值观等品质的发展。值得新教师注意的是，"知识与技能""过程与方法""情感、态度与价值观"是教学目标的三个维度，是一个有机整体，是同一事物的三个方面。新教师在撰写"三维目标"教学目标时，不一定非要机械地按这三个维度分类进行撰写，只要这三个维度的内容都涉及就可以了。

**2. 核心素养与学科核心素养的提出**

2014 年，教育部在《关于全面深化课程改革，落实立德树人根本任务的意见》中首次提出"各学段学生发展核心素养体系"。2016 年，《中国学生发展核心素养》总体框架正式发布。中国学生发展核心素养，以培养"全面发展的人"为核心，分为文化基础、自主发展、社会参与等三大维度，综合表现为人文底蕴、科学精神、学会学习、健康生活、责任担当、实践创新等六大核心要素，具体细化为文化沉淀、社会责任、国家认同等 18 个基本要点。核心素养作为一个宏观概念，必须分解为学科素养，才能落地生根。

2019 年教育部发布《义务教育课程方案和课程标准》，首次提出各学科核心素养。例如，语文课程核心素养主要包括文化自信、语言运用、思维能力、审美创造；数学课程核心素养主要包括数学运算、逻辑推理、直观想象、数学建模、数据分析、数学抽象；英语课程核心素养主要包括语言能力、思维品质、文化意识和学习能力；地理课程核心素养主要包括人文底蕴、科学精神、学会学习、健康生活、责任担当、实践创新；历史课程核心素养主要包括时空观念、史料实证、历史理解、历史解释、历史价值观；物理课程核心素养主要包括物理观念、科学思维、科学探究、科学态度与责任；化学课程核心素养主要包括宏观辨识与微观探析、变化观念与平衡思想、证据推理与模型认知、科学探究与创新意识、科学精神与社会责任。

**3. 指向核心素养的教学目标**

2022 年，教育部《义务教育课程方案和课程标准（2022 年版）》及一系列义务教育课程标准颁布，进一步明确了学科核心素养及指向核心素养的教学目标。

新教师应掌握学科核心素养的经验实质是"知识与技能""过程与方法"

"情感、态度与价值观"的"三维目标"的具体化、整合化、类化和内化的结果。新教师在理解和应用学科核心素养框架和三维目标框架时，可以从知识内容出发到"三维目标"再到核心素养进行转化，充分彰显知识的素养发展价值；也可以从核心素养出发自上而下解构成"三维目标"，从外到内进行教学和培养。这两种路径可以在设计课程教学目标、学期教学目标、单元教学目标、课时教学目标时灵活运用。可见，新教师在整体把握"三维目标"时，还要把握所教课程的核心素养，把核心素养理念融合到教学目标中。

拓展阅读：

**制定指向核心素养的数学教学目标应注意的方面①**

1. 数学教学目标要体现数学核心素养的主要表现

新教师制定数学教学目标，要充分考虑核心素养在数学教学中的达成。每一个特定的学习内容都具有培养相关核心素养的作用，因此，新教师要注重建立具体数学教学内容与核心素养主要表现的关联，在制定教学目标时将核心素养的主要表现体现在教学要求中。例如，在确定小学阶段"数与运算"主题的教学目标时，新教师要关注学生符号意识、数感、量感、运算能力等的形成；在确定初中阶段"图形的性质"主题的教学目标时，新教师要关注学生空间观念、几何直观、推理能力等的形成。

2. 数学教学目标要处理好核心素养与"四基""四能"的关系

数学核心素养导向的教学目标是对"四基""四能"教学目标的继承和发展。"四基""四能"是发展学生核心素养的有效载体，核心素养对"四基""四能"教学目标提出了更高要求。例如，新教师在明确要引导学生发现问题、提出问题的教学目标的同时，制定会用数学的眼光观察现实世界的教学目标；在明确分析问题的教学目标的同时，制定会用数学的思维思考现实世界的教学目标；在明确用数学方法解决问题的教学目标的同时，明确会用数学的语言表达现实世界

---

① 义务教育《数学课程标准》2022 年版原文．[EB/OL]．https://www.doc88.com/p-71073257499400.html.

的教学目标。

3.数学教学目标的设定要体现整体性和阶段性

数学核心素养是在长期的教学过程中逐渐形成的，核心素养在不同学段的主要表现体现了核心素养的阶段性和各阶段之间的一致性。新教师要依据核心素养的内涵及其不同学段的主要表现，结合具体的教学内容，全面分析主题、单元和课时的特征，基于主题、单元整体设计教学目标，围绕单元目标细化具体课时的教学目标。充分发挥以核心素养为导向的教学目标对教学过程的指导作用，在实现知识进阶的同时，体现核心素养的进阶。

## 二、所教课程的总教学目标与学段教学目标

明确教学目标，不仅指新教师要确定课时教学目标，而且应从顶层把握整个所教课程在义务教育阶段的总教学目标及学段教学目标，并为学期教学目标、单元教学目标、课时教学目标奠定基础。

### 1.明确所教课程的总教学目标

新教师研读《义务教育课程方案和课程标准（2022年版）》及所教学科的课程标准，如《义务教育语文课程标准（2022年版）》《义务教育数学课程标准（2022年版）》《义务教育英语课程标准（2022年版）》《义务教育道德与法治课程标准（2022年版）》《义务教育历史课程标准（2022年版）》《义务教育地理课程标准（2022年版）》《义务教育科学课程标准（2022年版）》《义务教育物理课程标准（2022年版）》《义务教育化学课程标准（2022年版）》《义务教育生物学课程标准（2022年版）》《义务教育信息科技课程标准（2022年版）》《义务教育体育与健康课程标准（2022年版）》《义务教育劳动课程标准（2022年版）》等等，明确所教课程的总教学目标与学段教学目标，并让总目标与学段目标指导新教师学期教学目标、单元教学目标、课时教学目标的分析与制定。

如果新教师的所教课程是数学，那么根据《义务教育数学课程标准（2022年版）》，明确数学课程的总教学目标主要包括如下方面：通过义务教育阶段的

数学学习,学生逐步会用数学的眼光观察现实世界,会用数学的思维思考现实世界,会用数学的语言表达现实世界("三会")。学生能:(1)获得适应未来生活和进一步发展所必需的数学基础知识、基本技能、基本思想、基本活动经验("四基")。(2)体会数学知识之间、数学与其他学科之间、数学与生活之间的联系,在探索真实情境所蕴含的关系中,发现问题和提出问题,运用数学和其他学科的知识与方法分析问题和解决问题("四能")。(3)对数学具有好奇心和求知欲,了解数学的价值,欣赏数学之美,提高学习数学的兴趣,建立学好数学的信心,养成良好的学习习惯,形成质疑问难、自我反思和勇于探索的科学精神。

**2.明确所教课程的学段教学目标**

新教师还要明确所教课程的学段教学目标。为体现义务教育课程教学的整体性与发展性,根据学生学习的心理特征和认知规律,将九年的学习时间划分为4个学段。在"六三"学制中,1~2年级为第一学段,3~4年级为第二学段,5~6年级为第三学段,7~9年级为第四学段。根据4个学段学生发展的特征,描述课程总教学目标在各学段的表现和要求,将核心素养的表现体现在每个学段的具体教学目标之中,即课程的学段教学目标。

拓展阅读:

**数学课程的第一学段(1~2年级)教学目标①**

如果新教师的工作任务是教一年级的数学,还要进一步明确数学课程的第一学段(1~2年级)教学目标,主要包括如下方面。

认识万以内的数,能进行简单的整数四则运算,形成初步的数感、符号意识和运算能力。能辨认简单的立体图形和平面图形,认识长方形和正方形的特征,体验物体长度的测量过程,认识常见的长度单位,形成初步的空间观念。经历简单的分类过程,能根据给定的标准进行分类,形成初步的数据意识。在主题活动

---

① 《义务教育数学课程标准(2022年版)》原文.[EB/OL].https://www.doc88.com/p−71073257499400.html.

中认识货币单位、时间单位和基本方向，尝试用数学方法解决问题，积累数学活动经验，形成初步的量感和应用意识。能在教师的指导下，从日常生活中提出简单的数学问题并尝试运用所学的知识和方法解决问题。在解决问题的过程中感悟分析问题和解决问题的基本方法，感受数学在生活中的应用，形成初步的几何直观和应用意识。对身边与数学有关的事物有好奇心，能参与数学学习活动。在他人帮助下尝试克服困难，感受数学活动中的成功。了解数学可以描述生活中的一些现象，感受数学与生活有密切联系，感受数学之美。能倾听他人的意见，尝试对他人的想法提出建议。

## 三、所教课程的学期教学目标

学期教学目标是指新教师所教课程整个学期教学活动预期的结果，是完成一个学期的课程教学任务后所要达到的基本要求和标准。学期教学目标是新教师整个学期教学活动的出发点与最终归宿，对整个学期该门课程的各种教学活动起着指导作用。新教师基于所教课程总教学目标与所教年级所在学段教学目标，制定所教课程的学期教学目标。连续几个学期的教学目标就构成一个学段教学目标。根据新课标要求，学期教学目标要体现所教课程的核心素养要求。

拓展阅读：

**小学数学一年级第二学期教学目标①**

1. 认识计数单位"一"和"十"，初步理解个位、十位上的数表示的意义，能够熟练地数 100 以内的数，会读写 100 以内的数，掌握 100 以内的数是由几个十和几个一组成的，掌握 100 以内数的顺序，会比较 100 以内数的大小。

2. 能够较熟练地计算 20 以内的退位减法，会计算 100 以内两位数加、减，会与他人交流各自算法的过程，会利用加、减法计算解决一些简单的实际问题。

3. 学会从生活中发现并提出问题、解决问题的过程，体验数学与日常生活的

① 2021 春第二学期新人教版小学一年级下册数学总教学计划及分单元课时计划. [EB/OL]. https://wenku. so. com/d/baaf17954ffdd44adcc8af4a07d5690b.

密切联系，感受数学在日常生活中的作用。

4.能用自己的语言描述长方形、正方形边的特征，初步感知所学图形之间的关系。

5.认识人民币单位元、角、分，知道 1 元 = 10 角，1 角 = 10 分；知道爱护人民币。

6.会读、写几时几分，知道 1 小时 = 60 分，知道珍惜时间。

7.初步体验数据的收集、整理、描述、分析的过程，会用简单的方法收集、整理数据，初步认识条形统计图和统计表，能根据统计图表中的数据提出并回答简单的问题。

8.体会学习数学的乐趣，提高学习数学的兴趣，建立学好数学的信心。

9.养成认真作业、书写整洁的良好习惯。

10.通过实践活动体验数学与日常生活的密切联系。

## 四、所教课程的单元教学目标

单元教学目标是学期教学目标的基本组成部分，学期教学目标就是通过一个一个的单元教学目标来具体落实的。因此，新教师在确定单元教学目标时，不仅要考虑学生情况及整个单元内容，还要注意学期教学目标的具体细化和分解。也就是说，单元教学目标不仅与该单元教学内容密切相关，还与学期教学目标密切相关，且多个单元教学目标组合在一起就成为学期教学目标。另外，在具体表述单元教学目标时，新教师依然要贯彻三维目标，融合核心素养理念进行撰写，并注意表达的正确性、清晰性与全面性。

拓展阅读：

**人教版小学语文六年级上册第七单元教学目标①**

1.学习和理解不同的角度、不同的年代、不同的国度发生的人与动物、动物

---

① 第七单元教学计划．[EB/OL]．https://wenku.so.com/d/c3a87cdf97449b6df01060632e069698.

与动物之间的感人故事，感受老人与海鸥之间、松鼠与我们一家、老狐狸和小狐狸之间的深厚感情，以及战象嘎羧的善良和忠诚。

2.学会以较快的速度阅读课文，把握课文主要内容，体会课文表达的感情。

3.学会把这种爱动物的感情真实、具体地表达出来。例如，说说自己知道的动物故事，体会对动物的情感，加深对动物的了解和认识；谈谈自己遇到的有关伤害动物的故事，并分角色进行模拟对话，运用自己知道的知识和说明充分的理由，劝阻别人关心动物，不要伤害动物；根据图片报道，进行合理的想象，编写一个故事，做到内容具体，感情真实。

4.比较本组课文与以前学习过的描写动物的课文，找出在内容和写法上的相同点和不同点，学会在阅读中总结和反思，不断提高阅读能力。

5.通过阅读相关的动物书籍，继续了解动物故事，培养良好的课外阅读习惯，做好从课内阅读向课外阅读的延伸。

## 五、所教课程的课时教学目标

明确所教课程的课时教学目标，是新教师每上一次课、每备一次课都需要完成的任务。新教师在备课撰写教案时，要明确这次课或这节课的教学目标是什么、如何恰当地、具体地表达出来。

新教师在设计课时教学目标时，要注意以下方面：一是注意与单元教学目标的联系，课时教学目标是单元教学目标的具体化。二是注意把课程标准和学生实际结合起来进行考虑，课时教学目标不仅要符合课程标准要求，而且要适合学生认知实际。三是注意与该课时教学内容密切相关，与预设的重点难点密切相关。四是注意设计的维度是否全面，是否涉及知识与技能，过程与方法，情感、态度与价值观3个维度及核心素养理念的有机整合。五是注意课时教学目标在表达上是否采用了 A（行为主体）B（行为动词）C（行为条件）D（表现程度）方法，行为主体是不是学生，行为动词是不是可理解、可操作、可测量、可评价、具体而明确的，行为条件是否明确了教学目的指向的范围、限制与条件，表现程度是否指向学生行为结果所达到的相关程度，等等。

拓展阅读：

人教版英语八年级上册 Unit2 Section A（1a－2c）课时教学目标①

长沙大学附属中学的王晓红老师制定了人教版英语八年级上册 Unit2 How often do you exercise? Section A（1a－2c）课时教学目标，符合新课标与新课程改革的要求，供新教师参考与借鉴。

1.通过图片创设情境，准确理解、运用以下所学词汇：housework, help with housework, Internet, use the Internet, how often, hardly ever, once a week, twice a week, three times a week, program。

2.通过谈论学生和教师的周末活动，复习一般现在时，同时通过呈现百分比，让学生理解这些频率副词的区别，通过观察例句，让学生归纳频率副词在句子中的位置：实义动词之前，be 动词和助动词之前。

What do/does… do on weekends?

…always/ usually/ often/ sometimes/ hardly ever/ never…

3.通过图片创设情景，理解和运用谈论活动次数的句型，能够谈论日常活动和活动的频率和次数。

How often do/does…?

Once / Twice/ three times a week（month）

通过观察例句，让学生归纳频率副词短语放在句尾。

4.学生听懂二段听力对话，理解谈论日常活动的频率和次数，做好听前准备，浏览题意，带着任务听；在听写过程中，能聚焦活动和频率关键信息，进行快速书写单词和配对；听后能根据关键信息进行简单的复述，注意动词的第三人称单数形式。

5.通过两人对话活动，学生熟练运用本课时重点句型。What do you do on

---

① 长沙大学附属中学王晓红老师供稿。

weekends? How often...? 来谈论自己真实的周末活动，以及活动的频率。

6. 学生学会合作，愿意和同学进行英语对话，愿意帮助同学进行学习。

7. 学会合理安排周末活动。

# 关键 12

# 分析教学内容

分析教学内容是新教师备好课的重要组成部分，也是备好课的基本条件之一。新教师在备课时，主要从所教课程教学内容、学期教学内容、单元教学内容、课时教学内容等方面去全面分析把握教学内容。

## 一、所教课程教学内容

新教师研读《义务教育课程方案和课程标准（2022 年版）》以及所教学科的课程标准，如《义务教育语文课程标准（2022 年版）》《义务教育数学课程标准（2022 年版）》全面了解所教学科的课程性质、课程理念、课程目标、课程内容、学业质量和课程实施等。新教师要加强学段衔接，体现教学内容的连续性和进阶性，还可以根据所教班级所在的学段，研读相应的教材，整体把握所教课程教学内容。

新教师不仅要整体把握教学内容之间的关联，还要把握教学内容主线与相应核心素养发展之间的关联。一是注重教学内容的结构化。教学内容是落实教学目标、发展学生核心素养、实现教学目标的载体。新教师在备课时要对教学内容进行整体分析，帮助学生建立能体现学科本质、对未来学习有支撑意义的结构化的知识体系。二是新教师在备课时不仅要注重教学内容与核心素养的关联，而且要注重教学内容主线与核心素养发展之间的关联。

拓展阅读：

### 义务教育阶段数学课程的主要教学内容①

一位刚入职的教师在准备小学六年级数学课程时，着重把握整个义务阶段数学课程的主要内容。

义务教育阶段数学课程内容由数与代数、图形与几何、统计与概率、综合与实践4个内容组成。数与代数、图形与几何、统计与概率以数学核心内容和基本思想为主线循序渐进，每个学段的主题有所不同。综合与实践以培养学生综合运用所学知识和方法解决实际问题的能力为目标，根据不同学段学生特点，以跨学科主题学习为主，适当采用主题式学习和项目式学习的方式设计情境真实、较为复杂的问题，引导学生综合运用数学学科和跨学科的知识与方法解决问题。

根据学段目标的要求，4个内容按学段逐步递进，不同学段主题有所不同。具体安排见表1。

表1　义务教育阶段数学课程的主要教学内容

| 内容 | 学段 | | | |
|---|---|---|---|---|
| | 第一学段<br>（1~2年级） | 第二学段<br>（3~4年级） | 第三学段<br>（5~6年级） | 第四学段<br>（7~9年级） |
| 数与代数 | 1.数与运算<br>2.数量关系 | 1.数与运算<br>2.数量关系 | 1.数与运算<br>2.数量关系 | 1.数与式<br>2.方程与不等式<br>3.函数 |
| 图形与几何 | 图形的认识与测量 | 1.图形的认识与测量<br>2.图形的位置与运动 | 1.图形的认识与测量<br>2.图形的位置与运动 | 1.图形的性质<br>2.图形的变化<br>3.图形与坐标 |

① 《义务教育数学课程标准（2022年版）》原文. [EB/OL]. https://www.doc88.com/p-71073257499400.html.

续表

| 领域 | 学段 | | | |
|------|------|------|------|------|
| | 第一学段<br>(1~2年级) | 第二学段<br>(3~4年级) | 第三学段<br>(5~6年级) | 第四学段<br>(7~9年级) |
| 统计与概率 | 数据分类 | 数据的收集、整理与表达 | 1. 数据的收集、整理与表达<br>2. 随机现象发生的可能性 | 1. 抽样与数据分析<br>2. 随机事件的概率 |
| 综合与实践 | 重在解决实际问题，以跨学科主题学习为主，主要包括主题活动和项目学习等。第一、第二、第三学段主要采用主题式学习，将知识内容融入主题活动中；第四学段可采用项目式学习 | | | |

每个课程内容按"内容要求""学业要求""教学提示"3个方面呈现。内容要求主要描述学习的范围和要求；学业要求主要明确学段结束时学习内容与相关核心素养所要达到的程度；教学提示主要是针对学习内容和达成相关核心素养而提出的教学建议。

## 二、学期教学内容

新教师在开学前，提前分析所教课程的学期教材，从总体上把握住整个学期的教学内容和教学要求，全面了解整本教材的编写意图、主要思想、主要知识、重点难点，全面认识教材内容的前后、左右、纵横之间的相互联系，厘清整本教材中单元与单元之间、课与课之间的前后联系和相互关系。

拓展阅读：

### 语文五年级第二学期教学内容分析①

语文五年级第二学期的教学内容共分8个单元，单元主题分别是质朴纯真、

---

① 五年级下册语文单元计划. [EB/OL]. https://wenku. so. com/d/baaf17954ffdd44adcc8af4a07d5690b.

大海之歌、艺术家、祖国建设、互相联系、城乡美景、感谢科学、介绍北京等。共选编了32篇课文，课文后面选编了6篇选读课文和6个语文趣味活动，书后还附有生字表、认读字表。

每个单元由"阅读""能说会写""语文七色光"3个板块组成。其中，"阅读"板块包括"主体课文"与"快乐读书屋"两部分，其中"主体课文"有16篇精读课文（每单元2篇）；"快乐读书屋"有16篇略读课文（每单元2篇）。"能说会写"板块包括"口语交际"与"习作"两部分，其中"口语交际"8次、"习作"8次。"语文七色光"板块，包括栏目1"日积月累"汇集多种形式的语言材料，栏目2"知识窗"加深学生对单元主题的理解，栏目3提供综合性语文学习的实践活动。

整个教材内容脉络清晰，布局合理，将语文学科的工具性和人文性融为一体，实现了听、说、读、写的整合，体现了语文学科实践性与综合性的特点。

## 三、单元教学内容

新教师在每个单元教学之前，在备课中就要分析后续单元教学内容。如果所用教材是以单元形式编写的，则新教师选择单元教学内容时，主要以教材单元内容为主，兼顾学生身心发展需求，补充或调整相关内容就可以了。如果所用教材不是以单元形式编写的，则新教师选择单元教学内容时，要根据单元教学目标，对教材内容进行重新整合，遵循"目标统领内容"的指导思想来选择具体的单元教学内容。单元教学目的为新教师选择合适的单元教学内容规定了范围、明确了方向。当然，新教师在选择单元教学内容时，还可选择、补充那些符合学生身心发展特征、学习需求，更好激发学习内驱力，并与已有知识与学习经验密切相关的教学内容。

另外，新教师分析单元教学内容，还包括进一步明确单元教学重点和难点。单元教学重点，是指在单元教学内容中，学生必须学习和掌握的知识与技能。单元教学难点，是指在单元教学内容中，学生必须经过多次学习与体验才能领会的内容。因此，新教师在制定单元教学计划时，必须明确单元教学重点与难点。只有这样，新教师才能在备课设计教学过程时多关注学生必须掌握的知识与技能，以突出重点突破难点。

拓展阅读：

### 七年级语文上册第一单元教学内容分析①

本单元是学生升入初中后学习的第一个单元，为了与小学阶段的语文学习相衔接，内容安排以叙事性记叙文为主，便于学生在原有的基础上进一步理解和掌握这类文章。本单元阅读、口语交际和写作的要求，都依据课程标准的阶段目标而设定，注重学生的思维训练、语感培养，强调语文学习习惯和语文实践活动。

1. 第一单元的主要教学内容

本单元的4篇课文都是叙事性记叙文，从内容上看，切合学生的思想、学习和生活实际。例如，《忆读书》生动地回忆了作者幼儿、少年时读书的经历、感受及几十年来的读书经验，总结出了"读书好，多读书，读好书"九字真言，把它作为第一篇课文，有助于唤起学生对生活的感受，激发对语文课的学习兴趣，指导他们的课外阅读。《我的第一次文学尝试》展示了文学少年热爱生活、敢想敢做、勇于实践的特性，语言诙谐，笔调轻松幽默，可读。本单元的4篇课文，虽然都是记叙文，但内容和写作手法各异。《山中避雨》详细记叙了一件事的经过及人物感受；《风筝》通过记叙相隔20多年却又相关的两件事，展现了人物思想变化的历程；《我的第一次文学尝试》饶有情趣地记叙了几件事，有详有略，相得益彰；《忆读书》看似漫谈，实则紧紧围绕"读书好，多读书，读好书"九字真言做文章。这些内容丰富、笔法多样的课文，为学生自主、合作、探究学习提供了有利条件。至于4篇课文的顺序，为了方便学生学习，没有严格依据逻辑关系，而是按照先易后难的原则编排。

---

① 七年级语文单元教学计划. [EB/OL]. https://wenku. so.com/d/d04408b446e9aae50f6 b643b8f308317.

2.第一单元的教学重点和难点

本单元的教学重点,是叙事性记叙文的阅读和写作。教学中要指导学生在小学学习的基础上,进一步掌握记叙文的六要素。

本单元的教学难点,是在教学中更强调情感体验,阅读时要感受作者充溢在字里行间的真情实感,写作时要在叙事中写出自己的真情实感。与小学阶段的学习相比,本单元的课文蕴含了更加丰富的人文思想,难度和深度有所加强,在教学、阅读、写作中都要重视真情实感的表达与体现。教师要做好引导工作,循循善诱,激励学生充分发挥自主学习的潜能。

## 四、课时教学内容

分析课时教学内容是新教师的日常事务,每备一次课就要分析课时教学内容。课时教学内容是教案的重要组成部分。教学内容是完成教学任务、实现教学目标的主要载体,也是新教师备课、教案设计重点关注的方面。新教师尤其要注意,新课程改革需要教师"用教材"而不是"教教材",不是照本宣科,而是创造性地利用教材、设计教学内容。新教师需要对教材进行再加工、再创造。新教师把这些新的课程观、教材观落实到教学内容设计中去,处理好教材,用好教材。

新教师在分析课时教学内容时,还要正确预设教学重难点。这样,才能在预设教学过程中,采用有效的教学手段去突出重点、突破难点,更好地实现教学目标。

拓展阅读:

**人教版英语八年级上册 Unit2 Section A(1a-2c)课时教学目标**①

1.教学内容分析

本单元的核心话题是"业余活动"(free time activities)。语言功能体现在谈

---

① 长沙大学附属中学王晓红老师供稿。

论活动的频率；语言结构主要是能正确运用一般现在时态，谈论业余活动，运用频率副词表达活动的频率。引导学生合理利用安排时间，让业余活动丰富多彩，有益身心健康。

本课时的教学内容是人教版英语八年级上册 Unit 2 How often do you exercise? Section A（1a－2c）部分，是本单元的第一课时。首先，1a－1b，通过图文及听力活动导入核心话题：学生周末做哪些事情，结合频率副词来回答周末的活动。呈现重点语言结构：What do you usually do on weekends? 和频率副词 always，usually, often，sometimes, hardly ever, never。一般现在时态、周末活动和大部分频率副词的词汇已经在七年级学习了，在此既要扎实复习旧知，又学习新的频率副词 hardly ever, help with housework, use the Internet。1c 两人活动，谈论彼此周末活动，夯实所学；2a－2c，通过听力和两人对话活动，让学生理解、运用本单元谈论做事的频率的句型：How often…? Once／Twice a week。学生能以一天或一周一月几次的频率副词短语来回答。2c 两人活动，是对核心句型的夯实运用，同时鼓励学生多问多说。作为单元的第一课时，在多样的活动中，复习旧知，感知理解运用新知。

2.教学重难点

教学重点：（1）复习并懂得运用的重点词汇：go shopping, shop, read, watch TV, go to the movies, exercise, 学会并会运用的新词汇：help with housework, use the internet, hardly ever, once, twice, program.（2）重点句型，要求大部分学生学会并能进行顺畅的对话："What do you usually do on weekends? I always exercise." "What does he do on weekends？He sometimes goes to the movies." "How often do you shop? I shop once a month." "How often does he watch TV? He watches TV twice a week."

教学难点：（1）通过活动和对话让学生意识到频率副词、频率副词短语在句子中的位置；（2）第三人称单数谓语动词在重点句型中的运用；（3）次数的表达：中英文有差异，学生容易说错。一周一次说成 a week a time。

# 关键 13

## 选用教学方法

新教师要备好课，还需要选择合适的教学方法。教学方法是指为实现教学目的，学好教学内容，运用教学手段，根据教学内容需求与学生实际情况，促进师生相互作用的方式，既包括教师的教法，也包括学生的学法。一般而言，新教师在准备一节课或同时上的两节课的教案时，以两三种或一两种教学方法为主，穿插其他教学方法。新教师如何选用适当的教学方法呢？主要包括以下两个方面。

### 一、选择教学方法的主要依据

新教师备好教学方法，就要依据教学目标、教学内容、学生身心发展情况、教师自身素质、教学环境条件、所教学科等方面选择教学方法。也就是说，新教师在备课时，选择哪种或哪几种教学方法，不能随心所欲，要有一定的科学依据。

#### 1. 依据教学目标选择教学方法

新教师要明确，要想有效实现不同领域或不同层次的教学目标，就应借助于相应的教学方法和技术。适当的教学方法有助于提高教学目的实现的效率。新教师应依据教学目标来选择和确定具体的教学方法。例如，在教学《圆柱和圆锥的体积》时，教学目标之一就是"掌握圆柱和圆锥体积的计算方法"。如果选择单纯的讲授法可能难以达到教学目标。如果新教师选择直观演示法、动手操作法等教学方法，则能有效促进学生掌握圆柱和圆锥体积的计算方法。

**2. 依据教学内容选择教学方法**

新教师要明确，不同课程的知识内容与学习要求不同，不同学段、不同年级、不同单元、不同课时的内容与要求也不一致，因此，选择教学方法要依据教学内容，不同的教学内容连着相应的教学方法。例如，教学《九寨沟》时，如果用讲授法、讨论法、发现法，都难以将学生带入九寨沟风景如画的人间仙境中。如果用多媒体教学方法，通过视频，直观具体地展现九寨沟的风景，学生会更加全面、真切地了解有关九寨沟的知识，深切体会、感受到九寨沟的美妙绝伦。

**3. 根据学生身心发展状况选择教学方法**

学生的身心发展状况影响着新教师选择教学方法。新教师在备课时，要仔细分析学生身心发展，有针对性地选择和运用相应的教学方法。小学低年级学生注意力易分散，理解力不强，新教师选用直观性的教学方法更好。如果学生缺乏对所学内容的感性认识，新教师采用演示法很合适。如果学生已有相应的感性认识时，新教师就不必再使用演示法。例如，同样是教学《九寨沟》，如果学生就是土生土长的九寨沟人，对九寨沟很熟悉，那么选择多媒体教学方法，以视频形式直观展现九寨沟的风土人情，可能就太浅显或画蛇添足了，因为对土生土长的九寨沟人而言，对九寨沟的认识早已内化于心。如果选择讨论法，或学生个人自主学习或自主展示的方法，来说一说自己心目中的九寨沟，预期教学效果则相当好。

**4. 依据教师自身素质选择教学方法**

新教师在选择教学方法时，还要注意，自己一定要熟悉这个教学方法，有能力驾驭这个教学方法。也就是说，新教师选择任何一种教学方法，应该满足自身的素养条件，自己能充分理解和把握该教学方法，这样一来，所选择的教学方法才能在实际教学活动中有效地发挥作用。因此，新教师应根据自己的优势与特长，扬长避短，选择自己能驾驭、与自己相适应的教学方法。例如，有新信息技术特长的新教师可以更多地选择用信息技术类教学方法，善于语言表达的新教师在使用讲授法时，能让课堂更出彩；有音乐特长的新教师可以把歌曲或朗朗上口的快板、顺口溜等引进课堂；等等。

### 5. 依据教学环境条件选择教学方法

新教师在选择教学方法时，要在教学时间与教学环境条件允许的情况下，最大限度地发挥教学环境条件的作用。新教师应注意，有的教学方法的运用需要一定的条件。例如，选用演示教学法，需要一定的直观教具；选用实验教学法，需要一定的仪器设备、材料；等等。当学校不具备相应的条件，新教师尽可能地因陋就简，尽量创造条件加以运用，或选择其他适当的教学方法。例如，新教师了解到学校这一周在检修网络，原来预期选择的信息化多媒体教学方法就不能用了，可以改成图片展示或学生动手操作的教学方法。

### 6. 依据不同的课程选择教学方法

新教师还要明确，每一门课程都有一些独特的教学方法。例如，语文、英语等学科常常采用讲授法、故事续编法或角色扮演法；数学常用图片、实物结合讲授法，或结合生活实际解决问题等方法；物理、化学、生物等学科常用讲解与演示相结合的方法，还有实验法；音乐、美术、体育等学科多用练习法；等等。新教师在备课时，要考虑所教课程的特色选择教学方法。

## 二、选择合适的教学方法

教学方法多种多样，具有科学性与艺术性的双重特性。教学有法，教无定法。新教师在备课时，应尽量减少填鸭式教学方法，要选择合适的教学方法。每种教学方法都有其优点和局限性，新教师学会组合两种或两种以上的教学方法来进行教学，会达到更好的教学效果。这里主要阐述以下教学方法，供新教师参考。

**1. 常用的教学方法**

（1）讲授法，是教师运用口头语言系统地向学生传授知识的一种方法。该方法最常用、最高效，适用于人数较多的班级，几乎适用于所有课程的课堂教学。讲授法的优点在于教师充分发挥主导作用，学生在短时间内获得大量、系统的间接知识。其缺点是容易造成教师"满堂灌""一言堂""独角戏"，难以调动学生的学习积极性与参与性。新教师在使用讲授法时，不仅要注意保证教学内容的科学性和思想性，而且要注意语言简洁明了、生动形象、抑扬顿挫，激发学生的兴趣、积极性与主动性；还要注意讲授的时间不宜过长，中间适当穿插一些师生互动或相关活动，以聚焦学生的注意力，减少学生疲劳与枯燥。

（2）问答法，是教师和学生以口头问答的形式进行教学的一种方法。其优点是有助于激发学生主动思考、获取知识，充分发挥学生的想象力，有利于发展学生语言表达能力；其缺点是花费的时间较长，对新教师和学生双方有较高的知识储备要求。如果班级人数较多，难以照顾到全班学生，就不适合采用问答法。新教师在使用问答法时，必须围绕教材内容与教学内容做好相关提问与回答准备；提出的问题要明确具体、难度适宜；要面向全班学生，不是个别学生；在结束时要进行总结，聚焦教学内容。

（3）演示法，是课堂教学新知传授环节中的常用教学方法之一，是教师通过展示各种实物、标本、模型、挂图，放映幻灯、电影、录像等进行演示的教学方法，重点在于引导学生通过观察获得关于事物及其现象的感性认识。演示法的优点是能更好地引导学生直观地感知事物获得知识，具有直观性与形象性，为学生学习提供丰富的感性材料，更能激发学生的学习兴趣；有助于把理论知识与感性知识联系起来，加深对新知的印象。演示法与其他教学方法结合起来，效果才更好。教师运用演示法，应根据教学实际需要，有目的、有针对性地运用，不能单纯地为学生兴趣而演示。

新教师在运用演示法时，要注意：一是要精心选择演示载体，是实物还是标本，是模型还是挂图，是视频还是 PPT；二是在课堂演示前预先演示一遍，确保演示顺利实施；三是要确保全班学生都能够看清演示活动；四是要引导学生使用多种感觉器官正确、全面地观察演示活动；五是要重视把演示与讲授相结合，边演示边讲解，学生边看边思考才更有效；六是演示后要及时总结，引导学生把知识与现象联系起来，挖掘现象背后的本质，形成正确的知识与概念。

（4）小组合作学习法，是以学生学习小组为基本单位，通过指导小组成员展开合作学习进行教学的一种方法。该教学法的优点主要是改变了教学内容、教学信息单纯由教师到学生的单向传递；改变了学生的被动地位，充分发挥学生学习小组、学生个体的能动主体作用，激发学生的主动性、创造性，加强小组内部学生与学生之间、小组与小组之间、师生之间的互动与交流，提高学生个体、学生小组的学习内驱力，有效提高学习效果与教学质量。其缺点在于花费的时间相对长；对学生有较高的知识储备要求；对新教师组织、支持小组合作学习过程的把控要求较高，否则，容易走过场而达不到应有的效果。使用该教学法，新教师要注意以下方面：一是根据"组内异质、组间同质"的原则，根据学生性别比例、兴趣倾向、知识基础、学习能力、交往技能、守纪情况等合理搭配，组建学生合作学习小组；二是引导每个合作学习小组根据学习任务这个共同学习目标，通过分工合作的形式开展小组合作学习，完成小组学习任务；三是以小组为单位，各小组从不同的角度全班交流与分享各小组的学习成果；四是及时反馈小组学习成果与学习情况，并引导学生在小组合作学习中学会相互理解、相互包容、求同存异、达成共识。

（5）探究式学习法，是教师和学生就重要的主题进行较深入的探讨来获取知识的一种教学方法，是引发学生思考、启迪学生智慧、激发学生灵感的重要方法。新课程改革关注学生学会思考、学会提出问题，并通过学习、思考、研究与讨论来解决复杂问题。探究式学习法是对新课程改革的积极应对，其优点在于师生或生生之间围绕着所要探究的问题进行充分沟通与思考，不仅有助于促进师生之间的交流，引导学生积极参与到教与学的过程中，而且有助于彰显学生主体性，发展学生探究意识、思维能力等。其缺点是花费时间较长，探究过程难以调控，导致探究难以深入与开展，流于走过场，学习效果欠佳。

实施探究式学习法时，新教师应注意以下方面：一是要引导学生做好充分的相关知识储备；二是引导学生提出问题、分析问题和解决问题，学生提不出问题就难以达到探究与创新；三是引导学生探讨的问题必须明确，具有一定的挑战性、思维含量高，能有效激起学生的思考与探究，新教师可通过循序渐进的提问来引领学生层层深入的思考；四是提前适当调整座位，采用半圆式或圆桌式的座位；五是在探讨中避免出现偏离主题的现象，及时肯定学生的意见与看法，推动学生探究活动深入开展。

**2. 值得关注的新教学方法**

（1）情境教学法，是指教师有目的地引入或创设具有一定情绪色彩的、以形象为主体的生动具体的场景，以引起学生一定的态度体验，从而帮助学生理解教材，并使学生的心理机能得到发展的教学方法。情境教学法的核心在于激发学生的情感。

新教师在使用情境教学法时，应注意多途径创设情境。一是以生活展现情境。新教师把学生带入社会，带入大自然，从生活中选取某一典型场景，作为学生观察的客体，并以教师语言的描绘，鲜明地展现在学生眼前。二是以实物演示情境。新教师以实物为中心，略设必要背景，构成一个整体，以演示某一特定情境。以实物演示情境时，新教师应考虑到相应的背景，如"大海上的鲸""蓝天上的燕子""藤上的葫芦"等，都可通过背景激起学生广远的联想。三是以图画再现情境。新教师以图画作为展示形象的主要手段，实际上就是把课文内容形象化，课文插图、特意绘制的挂图、剪贴画、简笔画等都可以用来再现课文情境。四是以音乐渲染情境。音乐的语言是微妙的，也是强烈的，给人以丰富的美感，往往使人心驰神往。它以特有的旋律、节奏，塑造出音乐形象，把听者带到特有的意境中。新教师用音乐渲染情境，并不局限于播放现成的乐曲、歌曲，自己弹奏、轻唱以及学生表演唱、哼唱都是行之有效的办法。关键是选取的乐曲与教材在基调、意境及情境的发展上要对应、协调。以上所述四种途径，都是运用直观手段创设情境。五是以语言描述情境。情境教学十分讲究直观手段与语言描绘的结合。在情境出现时，新教师伴以语言描绘，这对学生的认知活动起着一定的导向性作用。语言描绘提高了感知的效应，情境会更加鲜明，并且带着感情色彩作用于学生的感官。学生因感官兴奋，主观感受得到强化，从而激起情感，促进自己进入特定的情境之中。随着学生身心发展的不断成熟，直观手段逐渐减少，单纯运用语言描述带入情境增多。

（2）PBL 教学法（Problem-Based Learning）或者 PBT 教学法（Problem-Based Teaching），是基于问题的教学法，是以问题为基础，教师把学习过程置于复杂的、有意义的问题情境之中，是以学生为中心，以小组讨论和课后自学的形式，让学生自主合作来解决问题的自我导向式学习，以培养学生自主学习和终身学习的意识和能力。

与传统的以教师为中心的教学模式不同，这是一种以教师为主导、学生为主体、问题为基础的教学方法。首先，教师围绕课程标准与教学内容的知识点，向学生提出开放性问题，通过问题和情景设置引导学生对问题进行思考。其次，将学生分为不同的学习小组，学生以小组为单位围绕教师给出的问题进行资料收集和信息整合，小组成员进行讨论、发表自己的意见。最后，由组长进行总结并得出结论，以小组为单位将教师的问题解决。这样以问题为基础的教学方法，明确了学习目标，增加了学习兴趣，既解决了问题，又锻炼了学生建立团队协作的能力。

（3）一分钟教学法（One Minute Preceptor，OMP），又叫五步微技能教学法，是一种注重反馈的教学模式。这一模式自1992年由Neher提出，主要包括5个步骤：掌握教学重点，探问相关支持证据，教导一般规则，强化正向，纠正错误。值得新教师注意的是，这5个基本步骤在运用时没有必要机械地按一定的顺序进行。

（4）主体教学法，是指通过学生主动性学习获取知识的方法。它是与讲授法相比较而言的，主要由教师提出学习目标与任务、学生直接感知学习材料、分组讨论、教师指导四部分组成。

拓展阅读：

**两种最受新教师关注的新教学方法①**

1. 翻转课堂教学法

翻转课堂教学法，是一种全新的、信息化时代的教学方法，是指学生在课前或课外观看教师的视频讲解，自主学习，教师不再占用课堂时间来讲授知识，课堂变成了教师与学生之间和学生与学生之间互动的场所，包括答疑解惑、合作探究、完成学业等，从而达到更好的教育效果。

当前，翻转课堂教学法受到空前的关注，越来越多的教师，尤其是新教师选用该方法，主要是因为翻转课堂教学法有如下鲜明的特点：一是每一个短视频都针对一个特定的问题，视频的长度只有几分钟或十几分钟，符合学生身心发展特

---

① 翻转课堂式教学．[EB/OL]．https://baike.so.com/doc/5403549-5641245.html；对分课堂的解读与分析．[EB/OL]．http://www.360doc.com/content/18/1015/10/7152790_794857644.shtml.

征，在学生注意力能比较集中的时间范围内，且小视频具有暂停、回放等多种功能，可以自我控制，有利于学生的自主学习。二是翻转课堂教学法对学生教与学的过程进行了重构。"信息传递"是学生在课前通过教师预先提供的视频、在线辅导进行的，而"吸收内化"是在课堂上通过生生、师生互动来完成的。新教师可以提前了解学生的学习困难，在课堂上给予有效的辅导，学生之间的相互交流更有助于促进学生知识的吸收内化过程。三是复习检测方便快捷。学生观看了教学短视频之后，是否理解了学习内容，视频后面紧跟着的四五个小问题，可以帮助学生及时进行检测，并对自己的学习情况作出判断。如果发现问题回答得不好，学生可以回过头来再看一遍短视频，仔细思考哪些方面出了问题。还可以帮助新教师通过云平台数据库，及时了解学生学习情况，以便在课堂教学的"吸收内化"环节采取有针对性的举措。

新教师要运用好翻转课堂教学法，需要重点解决两个方面的问题。一是师生在上课前充分做好相关准备：新教师准备好学生导学案或自学清单、学习内容安排、短视频及相关测试题；学生根据导学案或自学清单逐项完成自学学习内容、短视频及相关测试题。具体包括：（1）学习资源的准备。新教师在课前准备参考书籍、微视频等教学资源，上传教学资源到个性化互动学习平台并布置学习任务。（2）学习引导。新教师制定指导学生自主学习的导学案或自学清单。导学案或自学清单需与教学资源相对应，在解构学习内容为一系列知识模块的同时，加入一些引人关注的元素，进一步设计讲解视频以利于课堂思辨和讨论。（3）针对性练习。新教师要求学生在导学案或自学清单的每个学习模块结束后，对教学资源中的重点和难点进行记录，并完成预设的学习模块测试题，学生只有得到一定分值，才能进行下一阶段的学习。（4）反馈交流。新教师利用网络技术将学生课前学习的情况进行统计分析，并及时反馈给学生。

二是师生在课堂中通过生生互动、师生互动来答疑解惑、合作探究、内化升华、综合运用相关知识来解决问题。具体包括：（1）根据学生课前学习中暴露的问题，新教师列出代表性的题目，在课堂上开展以问题为基础的学习。引导学生分组讨论、查阅资料、提炼思路，最后汇报讨论结果。学生讨论完成后，新教师需对课程内容的重难点进行梳理和总结。（2）新教师阐释抽象理论，提供一系列相关案例供学生思考，鼓励学生根据已有知识进行举例探讨将达到更好的教学效果。

2. 对分课堂教学法

对分课堂，即 PAD，由讲授（P）—作业（A）—讨论（D）3 个模块组成，展开的流程是根据学生学习的认知规律进行规划和设计。对分课堂教学法有两种表现形式：当堂对分课堂教学法、隔堂对分课堂教学法。当堂对分就是 PAD 在一堂课内完成；隔堂对分就是把 P 和 D 放在课内完成，把 A 放在课外完成。

新教师基于 3 个模块可以灵活开展几个环节的教学活动。它传承了传统教学智慧，把讲授法与讨论法两者相结合，并长短互补。这种新型教学方法简明易用，有助于引导学生变被动学习为主动学习，培养学生批判性思维、创造性思维、沟通能力、合作能力的 4C 核心素养。新教师注意，最典型的对分课堂包含 4 个关键环节，分别是讲授、独立学习与做作业、小组讨论、全班交流。

（1）讲授环节。新教师精讲留白，对所讲述的内容提纲挈领地进行讲授，对重点和难点给出必要的提示。新教师应该把握一定的原则，不能事无巨细而是有所取舍地开展讲授。不一定让学生都能听得明白，但是需要让学生了解即将学习的内容的框架结构，从而给学生的自主学习预留一定的空间。

（2）独立学习与做作业环节。根据新教师的提点，学生完全独立地开展学习。在这个过程中，学生尽量避免与教师和同伴交流，其主要目的就是学生独立学习全部内容，通过自身努力对内容有一个基本了解，学习过程中需要完成一份"亮—考—帮"的作业或者一份练习提升的作业。何谓"亮—考—帮"作业呢？就是说出一些亮点，把自己认为重要的内容拿出来考考别的学生，以及提出一些自己在独立学习过程中没有解决的困难问题，让其他学生或新教师提供帮助。练习提升的作业，就是学生对所学知识开展的必要的练习或者作业。独立学习与做作业阶段，就是引导学生对所学内容有一定的理解，为后续的深入讨论奠定基础。需要指出的是，这个环节的内容在"当堂对分"中是在课内完成的，在"隔堂对分"中是在课外完成的。

（3）小组讨论环节。主要依托"亮—考—帮"的作业开展小组合作学习，对于作业题目也基本在小组内部依据标准评判对错。在这个环节中，新教师不要随便参与其中，重点是让学生之间相互帮助解决问题。

（4）全班交流环节。主动权从学生手中转移到新教师手中。在该环节，新教师一方面总结、归纳学习内容，另一方面解答学生的一些共性问题。

综上所述，从对分课堂教学方法的整个基本原理和流程来看，新教师使用该方法没有任何的障碍。需要改革的地方是，新教师由事无巨细的讲解到提纲挈领的讲解，由解决教师预设的问题到解决学生自己的问题，由教师批改作业到学生相互批改作业，由"满堂灌"到教师讲的活动和学生自学及相互学习的活动对半安排。这些改革，都不需要新教师专门学习新的方法，也基本不用借助什么技术手段即可实现，当然，新教师使用一些信息技术手段会提高教学效率。实践证明，新教师使用对分课堂教学方法，没有增加教学负担，但有效提升了学生的学习成效，且学生在合作、沟通、创造方面的表现得到了显著提升。

# 专题四
# 上好课

　　课堂教学是学校教育教学工作的重心，主要包括课堂导入、新知传授、课堂练习和课堂总结等依次递进的 4 个基本环节。上好课是新教师最基本的工作职责和工作任务。上好课需要在课堂导入巧妙、新知传授有效、课堂作业分层、课堂总结全面这 4 个方面下功夫。

# 关键 14

## 课堂导入巧妙

课堂导入犹如乐曲的"引子",是上好一节课的第一步。好的课堂教学,总会有一个精彩的课堂导入,吸引注意力,触动心灵,搭建旧知与新知、生活与实践、教师与学生的有机桥梁。新教师要做到课堂导入巧妙,贵在灵活,不拘一格,要遵循课堂导入的基本原则与灵活运用课堂导入的主要方法。

### 一、课堂导入的基本原则

新教师要做好课堂导入,应遵循如下基本原则。

#### 1. 课堂导入的针对性原则

虽然课堂导入方式方法、手段很多,但是新教师不能随心所欲地选用课堂导入方法。新教师选用课堂导入时,应遵循针对性原则,即根据具体的教学目的、教学内容、学生实际情况来选择适当的导入方法。这就要求新教师在上课前对教学目的、教材内容有全面的了解,以便有针对性地选择合适的课堂导入方法。另外,新教师应对学生有全面的认识,针对学生的实际情况与学生的年龄、性格特征,灵活采用合适的课堂导入方法。

#### 2. 课堂导入的趣味性原则

兴趣是最好的老师。新教师课堂导入时应遵循趣味性原则,激发学生的学习兴趣,提高学生参与教学的积极性与主动性。例如,新教师可以采用猜谜语、讲故事、放视频、唱歌等方式实施课堂导入。然而,值得新教师注意的是,不能一味追求课堂导入的趣味性,而脱离当时的教学内容,把学生的注意力转移到与新课无关的内容上，这样的课堂导入是无意义的，甚至会影响课堂教学的正常开展。也就是说，趣味性原则是建立在更好地实现教育目标、学好教学内容的基础上的。从某种意义上而言，课堂导入也是教学内容的重要组成部分，或者至少是教学内容的必要补充。即使课堂导入非常生动、精彩，学生非常感兴趣，但是与教学内容无关，也是不足取的。

### 3. 课堂导入的关联性原则

新教师在课堂导入时，要遵循关联性原则。一是新教师在课堂导入中要注意新旧知识间的联系，引导学生构建自己的知识体系，有利于促进学生知识的提取和应用，有利于促进学生既复习旧知又联系新知，顺利完成新旧知识的过渡与衔接。二是新教师在课堂导入中要注意学生与知识的关联性，充分调动学生的积极性，引导学生主动参与到课堂学习中，引导学生自主学习知识。

### 4. 课堂导入的简洁性原则

新教师实施课堂导入，要遵循简洁性原则。学生从课前休息直接进入严肃的课堂教学情景中，如果没有课堂导入这个环节而直接讲授新知识，则收不到好的教学效果。正如苏霍姆林斯基所言："如果老师不想办法使学生产生情绪高昂的智力振奋的内心状态，就急于传授知识，那么这种知识只能使人产生冷漠的态度，而给不动感情的脑力劳动带来疲劳。"新教师在课堂导入时，要认识到课堂导入仅仅是课堂教学的"前奏"，真正的核心环节在后续的新知传授，要分清主次。新教师注意，课堂导入环节应短小精悍，一般控制在 3～5 分钟就要转入正题。课堂导入如果过于烦冗就会喧宾夺主，反而适得其反，学生不知道该节课到底要做什么。因此，新教师在课堂导入时，不要绕来绕去，有的放矢才能立竿见影，在有限的时间内，用最简单直接的方式、最简练精准的语言达到预期的目的。

### 5. 课堂导入的多样性原则

新教师在课堂导入时，要遵循多样性原则。新教师要避免长期使用同一种课堂导入方式，或避免每一堂课都用同一种方式的导语，要根据不同情况，灵活采用不同的课堂导入方法。一是新教师根据不同的教学内容，不断地创新和摸索新的课堂导入方式，给学生带来新鲜感与兴趣。二是新教师根据不同的课型采用不同的课堂导入方法。例如，新授课的课堂导入要注意温故知新、架桥铺路或前后照应、承上启下；复习课的课堂导入要注意分析比较，归纳总结。不能用新授课的导入去讲复习课、练习课，也不能用复习课、练习课的课堂导入去讲新授课。三是新教师根据不同学生的身心特点，选择不同的课堂导入方法。例如，针对小学低年级的学生，一般采用更生动、活泼、具体的课堂导入方法，如猜谜语、看动画或图片、播放音频等；而针对高中生，一般采用案例分析等抽象一些的课堂导入方法。

## 二、课堂导入的主要方法

采用巧妙的课堂导入，有利于帮助学生明确学习目标，激发他们的学习兴趣，打开他们的学习思维。新教师选择合适的课堂导入方法，直接影响一节课"学习场"的构建。课堂导入有多种方法，如问题导入、复习导入、联系其他学科导入、悬念导入、演示导入、激情导入、故事导入、多媒体导入、情境导入、直接导入、热点新闻导入、歌曲导入、谜底导入、幽默导入等。课堂导入有法，但无定法。新教师积极探索，主动探究，每一堂课都可能诞生不同的课堂导入法。限于篇幅，这里主要阐述3种课堂导入法。

### 1. 问题式课堂导入法

"学起于思，思源于疑""发明千千万，起点是一问"，这充分说明了问题的重要性。问题式课堂导入法，是指教师紧扣教学内容、学生实际，有针对性地提出问题，诱发学生的学习动机，提高学生积极参与课堂学习的一种课堂导入方法。该课堂导入方法，重点在于新教师如何设计好驱动性问题。新教师不仅要提出问题，而且要时时关注学情，根据学生回答或其他反应及时调整提问的内容和方法，而不是简单地把问题抛给学生，等待学生给出答案，或遇到学生不会时就急于说出答案。如果是这样，就没有达到设计课堂导入从而驱动学生学习的目的。新教师如何设计问答式课堂导入呢？一是在课堂教学前认真钻研教材，根据教材内容和学生的学习情况，结合学生的生活实际来设计、选择问题。二是选择的问题要有针对性，能够激发学生思考，顺势引入新授内容，这样才能达到好的导入效果。三是要具体情况具体分析，在提问答问的过程中及时调整。例如：

一位语文教师在教学《烟台的海》时，采用问题式课堂导入法。教师把烟台的人与烟台的海看作一对好朋友，具体是这样导入的。首先，教师问学生一个问题，"你们的好朋友是谁？"学生个个都争着抢着回答。接着，教师又问了一个问题："好朋友能不能跨越物种呢？"学生脱口而出："当然能。"他们立即列举出诸如小狗、小兔子等小动物，体现出他们内心对动物的关爱。还有学生说出大山、树木、花草等，反映出他们内在"性本善"的人性美，也体现出他们的环保意识和对生命的尊重。教师继续引导，"你们想成为一个博爱的人吗？"这时，所有的学生都回答"想"。紧接着，教师说了以下一段话："其实，我们和世间万物都可以成为好朋友，包括可以与朝夕相处的课本成为朋友。但这就要求我们具有高贵的品质，如团结之心、无私的爱心、对生命的尊重、环保意识及正确的价值取向等。"经过这样的点拨和拓展之后，学生似乎懂了一些，为新课的讲授作了很好的引导。最后，教师引出了主题，"如何与这些大环境做好朋友？下面我们就一起来看看烟台人与烟台海是如何成为好朋友的……"在那节课上，学生个个都很起劲地去学习《烟台的海》这篇课文。这样的学习效果与合适的课堂导入是分不开的。

从上可知，新教师在采用问题式课堂导入法时，提的问题不需要很高深，但一定要符合教学内容与学生实际，有助于激发学生的学习内驱力，调动学生的学习热情。如果新教师在具体实施问题式课堂导入法过程中，再加入一些适当的点拨和拓展，让简单的问题折射出学生深刻的思考，课堂导入就更能达到预期的目的。

### 2. 生活经验式课堂导入法

教学要以学生为本，充分尊重和关注学生的生活，让教学回归生活。生活经验式课堂导入法，是指教师把与学生生活相关的人物、事件或信息等作为教学资源加以利用，以此进行课堂导入的方法。新课程标准明确提出：学生首先接触的是生活世界而不是科学世界，学生是在现实生活之中，而不是生活在科学世界之中。可见，新教师在课堂导入时，要重视面向学生的生活世界，重视学生的生活经验，才有助于带着学生走向教材，再从教材走向生活。因此，新教师要贴近学生生活世界与生活经验，多关注学生身边发生的事情，从学生的生活经验来开展课堂导入，激发学生的学习兴趣，引发学生的共鸣。

一位数学教师在教授"一次函数"时，就采用生活经验式课堂导入法。具体的课堂导入是这样的：

"今天，老师在来学校的途中，突然发现车的油不多了，于是就去加油站加油。在加油过程中，发现显示器上一件很有趣的事（边讲边把手机录的视频通过屏幕放映出来）：数字 6.92 元/升，不动，而另外两个数字不停地跳动着、变化着。同学们知道这两个不断变化的数字表示什么吗？"学生回答："一个表示油量，另一个表示钱的金额。""那么为什么这两个数字要一齐跳动呢？"老师继续提问。学生回答："因为加油时，油量发生变化，钱的金额就跟着变化。"

教师进一步导入课堂学习的主题："这就是我们今天这节课要学习的内容——一次函数。在加油过程中，单价 6.92 元/升，保持不变，我们把它叫作'常量'，油量和金额会发生变化，我们把它叫作'变量'。又因为油量先变，金额随之变化，所以油量叫作'自变量'，金额叫作'因变量'，又称为'自变量的函数'。"

从上文可知，新教师在采用生活经验式课堂导入法时，要做到深挖教材，观察生活，要把教材内容与学生的生活实际有机地结合起来，使教材知识成为学生看得见、听得到、摸得着的现实，引导学生真正体会到生活中充满了教材知识，教材知识来源于生活，又服务于生活，引导学生在轻松愉快的氛围中学好教材知识。

### 3. 新旧知识桥梁式课堂导入法

学习的过程，本质就是利用大脑里存储的旧知识来解释新知识，然后建立起新旧知识联系的过程。大脑中储备的已有知识是影响一个人未来学习的关键。新旧知识桥梁式课堂导入法，是指教师在课堂导入时，要根据新授知识去寻找学生已经学过的旧知识，搭建起新旧知识的桥梁，有助于知识的衔接更紧密、教学的过程更顺畅；有助于学生利用熟悉的旧知识去获得新知，感受成功带来的喜悦与欢乐。如果新教师在课堂教学时，没有新旧知识的衔接，直接学新知识，会影响学生掌握。这便要求新教师加强新旧知识在教学内容上的联系，注重利用学生已掌握的知识去导入新知识，为学生架起"旧知"与"新知"的桥梁。

一老师在讲授数学教材"整式加减"中的"合并同类项"时，根据学生已经学过的乘法分配律 $(a+b+c) \cdot m = am + bm + cm$，逆推过来就是 $am + bm + cm = (a+b+c) \cdot m$，即合并同类项。因此，该教师是这样进行课堂导入的：

首先，从简便计算算式"$23 \times 3.14 - 3.14 \times 7 - 6 \times 3.14$"入手，让学生利用已学过的知识快速地计算结果。学生利用已学过的乘法分配律便可以进行简便计算。然后，教师将算式中的 $3.14$ 变为 $ab$，获得的数学表达式是"$23ab - 7ab - 6ab$"，并请学生快速算出结果。学生也能轻松说出答案。最后，教师引导学生观察黑板上多项式的特点，引出该节课的新授主题——同类项。学生在后续的学习中，很顺利地掌握了新知识。

从上文可知，新教师在采用新旧知识桥梁式课堂导入法时，借助学生已经掌握旧知识——乘法分配律，为学习新知识——同类项做了较好的铺垫，调动学生大脑中的原有知识对接要讲解的新知识，让学生不感到陌生，过渡自然，有助于学生学习新知识时较容易地理解、掌握及运用。

# 关键 15

# 新知传授有效

新知传授是课堂教学最重要、最核心的环节，新知传授是否有效决定着一节课的得失成败，决定着教学质量的高低。影响新知传授是否有效的因素很多，如教学内容的设计、教学方法的选择、教学时间的安排、教学纪律的管理等。这里主要针对新教师的实际情况与实际需求，重点从以下几个方面来阐述提高新知传授有效性的策略与途径。

## 一、安排好新知传授的时间

新教师要确保新知传授的时间充足，以提高新知传授的有效性。课堂教学时间大多是每节课 40~45 分钟。新教师要根据课堂教学的主次，把较多的时间分配给主要的教学内容或环节，把较少的时间分配给次要的教学内容或环节，确保新知传授时间充足，且向课堂教学的难点与重点倾斜，确保学生掌握重点、突破难点。

新教师要把握最佳课堂教学的新知传授时间。研究表明：课堂 40~45 分钟内，学生的生理、心理状态分为 5 个时区，呈波谷（起始时区，5 分钟）—波峰（兴奋时区，15 分）—波谷（调试时区，5 分）—波峰（回归时区，10~15 分钟）—波谷（终极时区，5 分钟）的起伏发展规律。新教师可根据最佳教学时间规律，将新知传授放在两个波峰期间，更好地提高教学效率与质量。

新教师要把握好新知传授时间的具体分配：自己教的时间、学生学的时间、师生互动时间。新教师应明确自己教的时间，主要包括自己讲授、板书或多媒体运用、课堂组织等所花的时间。这段时间，不能独占，不能"搞一言堂"，也不能不讲，该讲的内容必须花时间讲到位、讲透彻。一定要预留给学生独立学习的时间，学生在新授中用来独立阅读、质疑、解疑等活动；也要保障师生、生生之间交流、对话、讨论、辩论的时间。

## 二、激发学生积极参与学习

新教师要重视激发学生积极参与学习，来提高新知传授的有效性。新教师根据教案中预设的教学目的、学生情况、教学内容在实际的课堂教学中具体地组织、适当地调整教学内容，激发学生的兴趣，引导学生积极思考，确保新知传授突出重点、突破难点，完成新知教学任务。新教师还要考虑学生的个别差异和兴趣爱好，把握教学内容难易程度，因材施教，要优秀学生"吃得饱"、学困生"吃得了"。

新教师应采取有效举措，激发学生的主动性与积极性。学生是能动的有感情的生命体，是学习的主体。新教师应平等对待学生，尊重学生的人格，激发学生的主体意识。在教学中，新教师引导学生通过质疑、回答问题、小组讨论等方式，主动掌握知识、发展能力、体验情感。新教师在新知传授环节，其教学内容、教学活动都围绕着激发学生的主体性、促进学生的全面和谐发展来组织。新教师应创设一些有挑战性、有吸引力的教学情境，引导学生积极参与其中，激发他们自己去动脑、动手、动口，去发现、整理、内化、建构知识，发展能力与核心素养。新教师要关心每个学生的健康成长，注重每个学生个性特长，引导每个学生各得其所地获得发展与成长。

新教师要及时反馈相关学生的信息，及时调节新知传授的教学节奏，激发学生积极参与新知传授环节的学习以及其他活动。在新知传授环节，新教师应充分利用自己的感官敏锐捕捉学生所反馈的信息，如学生听课时的面部表情、学生交流时的发言、对教师提问的回答，积极调整自己的教学内容、速度及方式方法，及时采用设疑、探索、讨论等教学手段，激发学生积极参与新知传授的学习，确保教学质量。

## 三、及时处理纪律问题

新教师应及时发现与低调处理纪律问题，提高新知传授的有效性。新教师在新知传授环节时，切忌站在讲台上不动，一般应根据学生的实际情况，在教室里偶尔四处走动。尤其是学生独立学习时，如阅读教材、小组讨论等活动，新教师在教室里来回走动，可及时发现学生存在的问题，如玩小动作、讲与课堂教学内容无关的小话，或者及时发现学生需要教师的帮助与指导。开小差的学生可能因为新教师在教室里走动，担心被教师发现而有所收敛。新教师巡视，还可了解是不是所有学生都认真阅读教材或参与讨论，是不是所有学生都在做该做的事情。新教师在教室走动时，如果发现个别学生存在这样那样的小问题，一般不要打断全班同学正在开展的活动，只需要进行个别提醒或处理就可以了。

值得新教师注意的是，在新授环节中，发现学生的纪律问题，要低调处理。师生的大冲突，往往是由小事引起的。例如，某新教师因一学生违反纪律而对他在全班点名批评，学生觉得教师不公平。教师也非常生气，一来二往，两人发生了语言上的剧烈冲突，最后发生了肢体上的冲突。如果新教师在最先发现问题时尽量低调处理，把问题解决在悄无声息之中，就会避免后续的冲突。有经验的教师都知道，班上总会有一两个学生，如果成为课堂注意的焦点，即使是批评，他们反而会获得成就感，进而得寸进尺。因此，新教师一定要注意，低调处理包括新知传授环节在内的课堂教学出现的纪律问题。

某教师在新知传授环节中，发现某个学生的纪律问题后，在讲述中把学生的名字带进去，被叫到名字的学生自然会得到提醒，不影响其他学生。当教师发现文文思想开小差了，应提醒文文："请同学们看黑板，文文，你看清楚这个单词了吗？"当教师发现明明在走神时说："请大家翻到教材18页，仔细看看书上的两个公式，大家好好分析分析。明明，等一下请你来讲一讲第一个公式。"

这样，新教师密切关注学生的行为表现，及时发现纪律问题后，以不引起其他学生注意的方式处理学生的纪律问题，避免其他学生受到干扰。

## 四、及时鼓励与表扬学生

新教师可以通过及时鼓励与表扬学生，来提高新知传授的有效性，促进教学质量提升。每个学生都希望得到教师的关注，得到教师及时给予自己的鼓励与表扬。教师及时鼓励与表扬学生，学生觉得自己在教师心目中是很重要的，课堂学习的积极性就高了。值得注意的是，新教师不仅要及时鼓励表扬优秀的学生，更重要的是，要及时鼓励与表扬一般的学生或学困生，尤其是在他们做得不好的时候，更需要教师及时鼓励与表扬。

一位语文教师在教授音节拼读的时候，肖小玉同学被教师叫起来，她战战兢兢地小声说着："我不会。"教师看着她，坚定地说："老师相信你，你能行，大声拼读出来。"她还是直摇头。教师走下讲台，把话筒放到她的嘴边，让她本来很小的声音，全班都听得见。最后，在教师的引导下，她拼读得很正确。全班同学送给她掌声，教师也为她竖起大拇指，说："要学会相信自己。"从此以后，肖小玉学习语文的兴趣越来越大，每次语文课，她都会主动举手，大声地积极回答问题。

新教师应细心去体察、捕捉学生的需要。当学生失意时，在适当的时候给学生一个微笑、一句鼓励的话，帮助他们树立自信心，就足以让他们铭记于心。"你很勇敢，能把自己的想法告诉大家，可是还不够具体，谁来帮帮他呢？""你说的好像不是很完整，不过声音很好听。谁再来试试？""我觉得你能说得更好，是不是？再想想吧！请坐！"新教师的一句话、一个动作，甚至一个不经意的表情都将对学生造成很大的影响。任何一个人都希望听到别人的赞扬与肯定，哪怕是一句再简单、普通的评价，也能让生活充满生机与活力，有时甚至影响人的一生。因此，新教师应及时鼓励学生，激发学生的求知欲、创造欲，引导他们对学习产生浓厚兴趣，从而不断地提升自我。

新教师还要特别留意班上几个问题生或学困生，当他们表现好的时候，哪怕只有一个小小优点或进步，也要及时给予真诚的鼓励与表扬，且不吝啬鼓励表扬。表扬可以是口头的，也可以是点头、微笑或竖大拇指。最好能当着全班学生的面，大力表扬他们，激发他们的自豪感，引导他们持续改进，表现得越来越好。

## 五、制定课堂纪律契约

新教师可以与学生个体、小组、班集体制定课堂纪律契约，以加强课堂教学管理，确保提高新知传授的有效性，确保教学质量。课堂纪律契约是新教师与学生个体或小组或班集体签订的一份书面的协定或合同，规定双方在特定的课堂教学情境中必须做出的确切行为方式及其相应的、具体的奖励或惩罚。

新教师与学生个人就纪律问题达成共识而签订的契约，称为个人课堂纪律契约。例如，王雯雯同学特别喜欢港台歌星，拥有一些经典的唱片，上课时老是喜欢哼歌。语文教师赵星宇作为一名新教师，想了个好办法，与她长谈了一次，双方签订了如下课堂纪律契约。

---

**学生个人与教师的课堂纪律契约**

我叫王雯雯，从本周（第2周）开始到期中考试（第19周）期间，保证在语文课上认真听讲，保证不哼歌。连续8周做到，老师奖励一张歌碟；本期全部做到，老师奖励三张歌碟。

是否遵守以上纪律，由老师与同学监督。如果老师或同学发现在语文课上继续哼歌就算违纪，罚背当天的语文课内容。如果累计三次违纪，除背课文常规惩罚以外，我还要选一张歌碟免费送给学校"校园之声"播音室。

学生：王雯雯（签名）

语文老师：赵星宇（签名）

签约时间：2023年3月9日

---

新教师与班上所有学生就班级纪律问题达成共识而签订的契约，称为班集体课堂纪律契约。所要达成的纪律方面与完成任务的数量、奖励的方式由师生沟通协商来确定。例如，化学教师李金华是一名新教师，正为即将到来的实验课而头疼。他的师傅告诉他一个好招，与学生签订班集体课堂纪律契约。李老师与学生商讨后，明确上实验课时学生必须达到的纪律要求，并确定相应的奖罚措施，最后制定如下课堂纪律契约。

---

**班集体课堂纪律契约**

第10～13周是我班的化学实验。全班同学一致同意：①进入实验室时，保持安静。②听从老师的安排、指导，注意实验安全。③爱护实验设备设施，严格按实验流程开展实验，做好实验笔记与实验记录，保持实验室清洁、卫生。④实验结束后，将仪器设备摆放整齐，才能离开。

如有同学不遵守契约，自己承担相应后果。例如，破坏实验器材，照价赔偿；未遵守纪律问题导致实验未按时完成，则找课余时间完成等。如果全班同学遵守此契约，在4周内都遵守以上实验纪律，则老师向学校申请，获得班级纪律流动红旗一面。

教师签名：李金华

学生代表签名：王冰、李海玲、张燕灵、张校还、陈登火、杨燕、文斌斌

签约时间：2022年11月8日

---

## 六、有效使用肢体语言

新教师还可以通过恰当使用肢体语言来提高新知传授的有效性。有效的肢体语言能够起到画龙点睛的作用，吸引学生注意力，激发学生学习兴趣。新教师在课堂教学的新知传授环节中，使用恰当的肢体语言搭配口头语言，远比单纯的口头语言更有感染力与吸引力，有助于新教师更精准、更有效地传递信息与情感。新教师可尝试多利用面部表情、手势动作、姿态语言、眼神语言辅助口头语言来实施新知传授环节，提高教学质量。那么，新教师如何有效利用肢体语言呢？

新教师在新知传授中要注意自己的面部表情不能过于严肃，过于严肃的面部表情可能导致学生紧张、害怕，甚至产生厌恶情绪，影响教学效果；也不能过于温和或平缓，可能会降低新教师的威信。新教师在新授时要大方得体、和蔼可亲、收放自如。

新教师在新知传授中恰当地运用手势，可起到表露感情、加强语言力度、管理教学、提高学生注意力等作用。新教师在使用手势动作时要得体，切忌不能用手指人、捅鼻子、不要用手敲打桌子等，导致学生产生不好的印象，进而影响教学效果。新教师要注意把握分寸，手势过多、过大、过于夸张反而可能分散学生的注意力。

新教师在新知传授中应做到姿态挺拔、意气风发、精气神俱佳，不能站在讲台上一动也不动，应根据情况走下讲台，走到学生中和学生互动，但是不能频繁走动，否则会分散学生的注意力。新教师切忌瘫坐在椅子上或趴在讲台上，不能坐在学生的桌子上，时刻注意自己的姿态与仪表。

新教师在新知传授中注意多使用眼神语言。在课堂教学中，眼神语言是师生交流、传递信息的重要形式。新教师不能东张西望，也不能只盯着黑板或PPT。新教师学会用目光巡视课堂，注意每一位学生，敏锐地捕捉学生的反应，并及时用眼神传达对他们积极参与课堂学习的鼓励与肯定。同时，新教师也可用眼神来警示上课不专心的学生，用眼神来控制、维持正常的课堂教学秩序与纪律。

# 关键 16

## 课堂作业分层

课堂作业是新教师在课堂教学中帮助学生巩固当堂课所学新知，反馈教学效果的重要环节。在"双减"政策背景下，为了扭转作业过多、质量不高、功能异化等问题，新教师不仅要减少课堂作业的量，更要提升课堂作业的质，根据学生不同的能力水平和学业水平，对课堂作业进行分层设计，促使课堂教学减负增效，满足不同学生的发展要求，让每个学生都能够完成与自身能力相符合的课堂作业，促进学生的个性化发展。新教师如何做好课堂作业分层？主要包含以下几个方面。

## 一、符合课程标准

根据教育部印发的《关于加强义务教育学校作业管理的通知》要求，确保作业难度不超过国家课程标准要求，鼓励教师系统化选编、改编、创编符合学习规律、体现素质教育导向的基础性作业；鼓励教师科学设计探究性作业和实践性作业，探索跨学科综合性作业。新教师在设计、布置课堂作业时，应符合不同的课程标准与特征，不同课程的课堂作业类型具有一定的特色。语文、英语等学科布置以提升学习兴趣和阅读能力为主的作业，数学、物理、化学、生物等学科布置综合性、探究性为主的作业，历史、地理、政治等学科布置开放性、问题情境应对为主的作业，体育、音乐、美术等学科布置以学生参与体育锻炼、艺术作品欣赏和创作等为主的相关素质提升作业，丰富作业类型，压缩作业时间。

例如，在数学课上，新教师根据该节课"元、角、分"的教学内容，根据数学课程标准，设计一个购物的情境，引导学生结合自己的日常生活与所创设的情境，自己设计课堂作业，允许学生个人在小组内或者小组间进行课堂练习——通过购物的情境计算所买货物的总价格，既增加了学生之间的互动，又促进了学生对于知识的理解与运用。

又如，根据语文课程标准，语文课堂作业不是课文内容的简单呈现，而要帮助学生掌握方法、培养能力。语文教师就在三年级《灰雀》的教学中，课堂作业是用泡泡图为学生搭设完成课堂作业的支架，"学完课程后，请学生思考，主人公说了什么，说某些话时心里是怎么想的"，进一步理解、丰富课文内容。

## 二、调动多种感官参与

新教师应改变当前课堂作业基本以抄写生字、词语解释、书面作业、听写等形式，防止学生只是为了完成课堂作业而完成作业，整体效果不佳。新教师应该将知识与技能，过程与方法，情感、态度与价值观等三维目标看作整体，与课堂作业相结合，调动多种感官参与课程作业，促使课堂作业多样化。新教师应充分发挥教育教学智慧，综合运用多种方法，将课堂作业设计成可读、可听、可写、可看、可操作、可活动的多样化作业，增强课堂作业的表现形式，给予学生充分的创造空间，引导学生在主题内容下发挥自身的想象力，进行听、说、读、写、跳、唱、画等多种形式的课堂作业表达，调动多种感官参与课堂作业，提升学生完成课堂作业的效果，实现多种能力的全面发展。

例如，小学语文《大青树下的小学》，教师以三维目标作为指导，布置了如下课堂作业：对于 C 类的学生，教师偏向对基础知识的检测，融入学生自己的理解，自由选择知识竞答、文章写作、绘画等其中一种完成作业。对于 B 类的学生，教师偏向在知识掌握的基础上融入能力技能的要求，学生阅读给定的资料内容，对其行文结构、文章脉络、语言表达、情感体现等方面与课文《大青树下的小学》进行对比分析，并通过思维导图、创编歌曲等形式表达出来。对于 A 类的学生，教师侧重引导学生发挥自身的想象力，要求学生选择文章创编、文章改写、内容演绎等课堂作业形式。

## 三、激发学生的兴趣

新教师在布置课堂作业时，作业内容要符合学生要求，作业形式要新颖、富于变化，以充分调动起学生完成课堂作业的兴趣，引导学生由被动机械地完成课堂作业转化为自觉主动开展作业活动。新教师在布置课堂作业前，要对学生有充足的观察、了解，知道不同学生喜欢什么类型的作业，提高课堂作业吸引力。在教学目标的指导下，新教师根据学生的不同兴趣，将其与课堂内容有机结合，设计并布置出不同的课堂作业主题，引导学生根据自己的兴趣选择不同的课堂作业内容；或者给学生提供不同的主题作业，引导学生结合自己的兴趣，在主题下进行多种形式作业创编，高效完成教师布置的课堂作业。

例如，统编版小学语文教材三年级上册《小狗学叫》的课堂作业，就是根据课文内容，进行故事创编或续编或课本剧演绎。教师对班级学生进行分组，确保每组成员中既有知识能力较强、想象力丰富、可以进行故事创编或续编的人，也有具有领导力，可对小组成员进行整体进度协调、分配的人，又要有性格活泼、能够调动小组内氛围的人。各小组成员在分工合作的基础上，对《小狗学叫》进行创编或续编或根据课本演绎的课堂作业，再以小组为单位进行作业展示，具体的续编情况和课本演绎的内容与形式都依据小组成员的兴趣爱好来安排，教师不做具体要求。让每个层级的学生在进行兴趣化课堂作业的过程中，加深对《小狗学叫》故事内容的理解，提高学习效果。

## 四、尊重个体差异

同一个班级的学生之间具有个体差异性，其学习水平和能力都有所不同。面对不同层级的学生，如果布置同样的作业，会造成有的学生能力不足，无法完成作业内容；而有的学生能力并未得到完全发挥，无法有效促进其能力提升的两极现象，即优等生"吃不饱"、学困生"吃不了"。这就要求新教师，要以科学的教育理念为指导，尊重个体差异，因材施教，对学生进行合理的层级划分，分层次设计、布置课堂作业，对不同层级的学生侧重不同的考查维度，充分调动每名学生的积极性。做好课堂练习分层，新教师主要采取以下举措：在传授同一教学内容时，针对同班级内学生不同知识水平和接受能力的差异性，把学生分为三类，并以相应的A、B、C层次的教学深度和广度进行合讲分练，做到课堂上有的放矢，区别对待，引导每个学生都在原有的基础上有所进步，学有所得，在不同程度上有所提高与发展。同时，新教师要注意，在课堂作业的实施过程中，针对学生的不同情况灵活调整作业要求。例如：

进行"勾股定理"教学时，针对不同层次的学生，新教师准备不同层次的课堂习题。

第一题：在直角三角形中，$AB = c$，$BC = a$，$AC = b$，$\angle C = 90°$。（1）若 $a = 6$，$b = 8$，则 $c = $_____；（2）若 $b = 15$，$c = 25$，则 $a = $_____。

第二题：一个直角三角形的斜边为20cm，且两直角边的长度比为3:4，则两直角边的长分别是_____cm和_____cm。

第三题：受台风麦莎影响，一棵高18m的大树断裂，树的顶部落在离树根底部6m处，这棵树折断后有多高？

第四题：一个25m长的梯子$AB$，斜靠在一面竖直的墙$AO$上，这时的$AO$距离为24m，如果梯子的顶端$A$沿墙下滑4m，那么梯子底端$B$也外移4m吗？

第一题为C层次的学生准备，主要使该层次学生掌握好勾股定理的应用，也就是在直角三角形中已知两边的长度，能根据勾股定理求出另一边的长度。第二题是为B层次的学生准备的，在掌握好勾股定理的同时，要求对各种题型能基本运用。第三、第四题为A层次的学生准备的，是应用勾股定理建立方程求解，有一定难度，在例题的基础上进行拓展，训练学生将实际问题转化为数学问题，再运用勾股定理解决问题。

## 五、注意分量适当

根据中共中央办公厅、国务院办公厅《关于进一步减轻义务教育阶段学生作业负担和校外培训负担的意见》和教育部办公厅《关于加强义务教育学校作业管理的通知》、教育部印发的《关于加强义务教育学校作业管理的通知》明确规定：把握作业总量；落实管理责任，优化统筹流程，全面压减作业总量和时长；切实避免机械、无效训练，严禁布置重复性、惩罚性作业。课堂作业可以促进学生的学习，但并不意味着课堂作业的分量越多越好。要在课堂有限的时间里完成作业，新教师要重视课堂作业的质量，确保分量适当，不能太多，更不能重复。新教师根据教材中的例题、习题，以及参考书中的习题和网络上的习题，根据学生的实际水平，选择有代表性、典型性的习题作为学生的课堂作业。

新教师应结合所教课程的特点、学生具体学情，设置课堂作业；要根据作业难易、不同学生学习差异，设置课堂作业。新教师要在作业分层设计中，尊重学生的差异性，结合教学内容与目标，抓住课堂教学的主要内容与重点和难点内容，为学生设计少而精的作业。新教师应建立"基础作业＋弹性作业"模式，关注学生个体差异，增强课堂作业的层次性、适应性和可选择性，满足学生不同需求。基础作业应紧扣教学进度和学习内容，把握好重点和难点，重在巩固知识；弹性作业应注重探究性、实践性，重在灵活运用。

## 六、重视分层评价

课堂作业分层，需要分层的评价作为基本保障与引导。新教师通过评价学生的课堂作业，可以更好地了解学生的学习情况，促进学生发展。课堂作业分层设置，要注意建立多元、分层的评价体系，让不同层次的学生都能获得有价值的评价，引导学生调整好学习状态，积极投入学习中。一是新教师在课堂作业评价时，可采用多元评价方式。改变传统作业评价中仅由教师评价的单一评价模式，引导每个学生积极参与自评与互评，成为作业评价的主体，以积极、乐观、认真的态度参加课堂作业评价。二是新教师采用分层评价方式来评价课堂作业，根据不同层次的学生选择不同层次的作业完成情况，分别评定优、良、中、差等级。学困生一样可以打优秀等级，同样，优等生也可以打合格或不合格等级。评价学生的课堂作业时，可以从作业完成质量、学生水平等方面进行评价；以积极、正向的评价为主，任何层次的学生，只要有一定进步，新教师都要加以称赞，提出新的期望。

例如，不同层次的学生做完"Know yourself"的分层课堂作业后，新教师对学生的作业完成质量进行评价。无论什么层次的学生，无论完成什么层次的作业，只要做得好，新教师都可以用"excellent, wonderful, perfect"等对学生加以赞美；只要有进步，新教师都可以用"Fighting, I wish you can so much the better!"等对学生加以赞美，以增强学生英语学习的自信心，引导学生更加积极、主动地学习和完成课堂作业。

# 关键 17

# 课堂总结全面

俗话说"编筐织篓，全在收口；描龙绘凤，重在点睛"。课堂总结就如一曲乐章的尾声，设计实施得好，就会有掷地有声、余音缭绕、回味无穷、提炼升华之感。课堂总结，尽管涉及的时间最长 3～5 分钟，最短 1 分钟左右，但会对教师的教、学生的学及整个课堂教学效果产生一定的影响。新教师要尽量做到周密安排、精心设计与实施课堂总结。为了帮助新教师做好课堂总结，这里主要探讨课堂总结的原则、课堂总结的方式等内容。

# 一、课堂总结的基本原则

新教师要实施好课堂总结环节，应遵循以下基本原则。

## 1. 科学性原则

科学性原则主要是指新教师在课堂总结时，不是为总结而总结，而是正确认识与实施课堂总结。一是新教师要重视课堂总结。课堂总结环节是完整的课堂教学流程中不可缺少的组成部分，不能在该环节课堂教学即将结束时，没有时间或时间不够就忽略这个环节。二是新教师要正确认识课堂总结，正确实施课堂总结。课堂总结是将一节课的相关教学内容、知识提纲挈领、加工重组、形成体系，使之由"繁而杂"变成"少而精"，由"散而乱"结成"知识网"。课堂总结要保证重点突出，能反映相关概念规律间的联系与区别，展现知识网络，并力求简明扼要、一目了然。

因此，新教师在课堂总结时，要通过对知识与方法的归纳总结，使知识整体化、有序化、条理化、系统化、结构化、网络化、形象化，有助于学生理解、记忆、应用。

## 2. 全面性原则

全面性原则，是指新教师课堂总结时所总结的内容应全面，没有遗漏重点内容。新教师在课堂总结时，应全面总结一节课所讲授的主要内容、重难点内容，包括相关规律、概念、知识点及其内在联系，运用尽可能简明、醒目、形象的形式，以构建相应的知识体系和方法体系。

新教师要全面总结归纳课堂教学的具体内容，可针对以下问题自问自答，帮助自己全面总结归纳课堂教学内容：这节课的主要内容是什么？主要解决的重点和难点是什么，是如何解决的？解决思路为什么是这样的？还遗漏了哪些主要内容？本节课的总结归纳是否实现了总结或升华本次课主要内容的目的？如果没有实现该目的，其原因是什么？如何改进？等等。另外，新教师可以多观摩学习优秀教师的课堂教学，了解他们是如何全面地总结归纳课堂教学内容的，如何在课堂总结中既突出重难点与主要内容，又突出解决疑难和误区的方式方法。

### 3. 多元化原则

多元化原则，是指课堂总结的主体多元化，不仅包括新教师自身，还包括学生个体、学生小组、学生班集体等。新教师应注意，在课堂总结环节，不仅要发挥教师的主导作用，而且要充分发挥学生的主体作用。如果只是新教师自己包办代替学生总结教学内容，学生参与总结归纳的主动性、积极性就会降低或缺失。因此，新教师在课堂总结环节，应多引导学生总结归纳，教师根据实际情况做适当的补充。同时，新教师应根据学生对课堂总结归纳情况，了解学生掌握课堂教学的效果情况，及时发现课堂教学的不足，并在后续的教学中不断改善和优化。

新教师引导学生进行课堂总结，有助于学生构建知识体系。学生通过将该节课教学内容的梳理、总结归纳，有利于学生将新知构建到自己原有知识体系中，完善自己的知识体系，促进新旧知识的衔接，帮助学生迁移和运用知识，还有助于进一步激发学生探索新知的欲望与动机。新教师引导学生进行课堂总结，有助于新教师检验学生的学习效果及知识的掌握情况，有助于新教师根据学生的反馈情况分析自己教学的有效性，并在后续教学设计和具体课堂教学中注意类似问题，提高教学效果与教学质量。

### 4. 多样性原则

多样性原则，是指新教师课堂教学总结归纳的方式多种多样。课堂总结的方式很多，常见的有摘要式、提纲式、表格式、图解式、综合式、唱歌式、首尾呼应式、探讨式、提问式、升华式、悬念式、对比式等。课堂作业环节后，新教师根据该节课剩余时间的多少及教学内容、学生情况等方面决定课堂总结采用什么具体方式。

为了帮助新教师选用适当的课堂总结方式，可以通过自问自答问以下问题："本节课的教学内容通过那种方式总结更合适？还有哪些总结方式也可以？这种总结方式合适的原因是什么？那种总结方式不合适的原因是什么？如何改进这种不合适的总结方式呢？等等。

**5. 相关性原则**

相关性原则，是指新教师把课堂总结环节与课堂教学的课堂导入、新知讲授、课堂作业等其他环节关联起来考虑，不要把课堂总结环节独立于其他环节之外，而是让课堂总结环节与其他环节形成相辅相成、相得益彰的关系。新教师早在备课时就要合理规划课堂总结环节的时间与内容做好准备，并在实际的课堂教学中预留一小段时间用于总结归纳环节。

在实际的课堂教学中，新教师应把握课堂教学几个环节的节奏，合理安排教学进程，各个环节不随意延长时间，给总结归纳环节预留有一定的时间，以免出现时间不足，简单带过甚至直接忽略，不利于学生总结、掌握、内化、升华知识，降低学生学习质量与课堂教学质量。当然，课堂导入、新知讲授、课堂作业等课堂教学环节顺利实施且实施质量好，有助于课堂总结的实施及其质量的提升。

## 二、课堂总结的主要方式

课堂总结的方式很多。新教师根据实际需要，选用适当的课堂总结方式。

**1. 摘要式、提纲式课堂总结**

摘要式课堂总结、提纲式课堂总结都是通过摘取课堂教学中相关知识点的重点内容（要点），对课堂教学内容逻辑的再建构，化繁为简，以精简的结构重现教学内容。这是新教师常用的一种课堂总结方式。新教师在使用该课堂总结方式时要注意：一要在内容上抓住重点；二要在形式上有序地体现知识点间的联系和归类。

一位生物教师在教学"营养器官的生长"时，采用摘要式课堂总结，将本节课的教学内容总结如下。

营养器官的生长

```
                          ┌── 成熟区：有根毛，吸收能力强
作用：固定植物              │
      吸收营养              │   伸长区：细胞较长，生长速度快
               ┤ 根 ┤
                          │   分生区：细胞数目多，分裂能力强
      类型：直须            │
                          └── 根冠：保护作用
```

**2. 表格式课堂总结**

表格式课堂总结也是一种常用的课堂总结方式，是新教师把课堂教学相关重点内容，按一定的系统归类，以填充表格的形式呈现出来。表格式课堂总结不仅要求新教师在内容上抓住知识重点，而且在形式上有序地体现知识点间的联系和归类，还可以对相关内容（内含与外延）进行比较，辨别其异同。表格式课堂总结有助于教学内容条理更加清晰，进一步加深学生印象，促进知识的记忆、掌握与运用。

一位生物教师在教学"减数分裂与有丝分裂"一课时，在课堂总结环节，带领学生一起总结了两种分裂在不同分裂时期的表现特征及其区别。

| 有丝分裂 | 分裂时期 | 减数分裂1 | 减数分裂2 |
|---|---|---|---|
| 为分裂提供物质准备：复制 DNA、合成蛋白质；占细胞周期的多数时间 | 分裂间期 | 染色体复制，形成初级精母细胞和姐妹染色单体 | 不存在或很短，染色体不复制 |
| 染色体、纺锤体形成；核桃仁逐渐解体、核膜逐渐消失 | 分裂前期 | 同源染色体联会，非姐妹染色单体交叉互换 | 非同源染色体分散于细胞内 |
| 染色体由纺锤体牵引排列在赤道板上 | 分裂中期 | 同源染色体排列于赤道板 | 非同源染色体排列于赤道板、每条染色体附着纺锤丝 |

| 有丝分裂 | 分裂时期 | 减数分裂1 | 减数分裂2 |
|---|---|---|---|
| 姐妹染色单体分离，由纺锤丝牵引向细胞两极运动 | 分裂后期 | 同源染色体由纺锤丝牵引向细胞两极运动 | 染色体着丝点分裂，姐妹染色单体分别向细胞两极移动 |
| 染色体变为染色质丝，纺锤丝消失，核膜、核仁重新出现 | 分裂末期 | 初级精母细胞分裂成两个次级精母细胞，染色体数目减半 | 每个次级精母细胞再分裂为两个精细胞 |

### 3. 图解式课堂总结

图解式课堂总结是新教师对课堂教学相关知识的概念、规律、方法，以图示的方式揭示其间的内在联系，呈现知识网络结构的一种课堂总结形式。这是新教师常用的一种课堂总结方式。运用图解式课堂总结，新教师重点在于引导学生抓住有关概念、规律、方法间的内在联系，弄清相关知识的来龙去脉。为便于学生记忆与运用，要特别注意整个图形的形象、直观，以体现知识结构及其内在联系，一般用思维导图、结构图等形式表现出来。

例如，一位历史教师，在教学"古代希腊罗马的政治制度"中，带领学生以结构图的形式总结课堂教学内容。

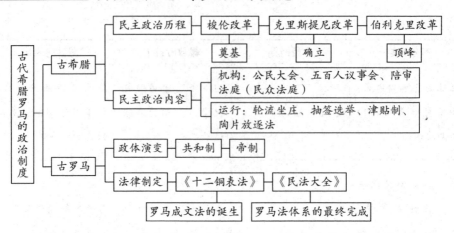

又如，一位语文教师在教学《风娃娃》时，引导学生在自己的作业本上以思维导图的形式总结教学内容。以下是一位学生在课堂总结中做的思维导图。

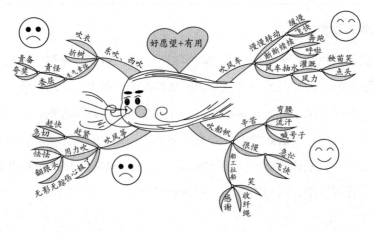

### 4.趣味游戏式课堂总结

趣味游戏式课堂总结也是新教师常用的课堂总结方式。这种课堂总结方式是根据学生，尤其是低年级学生喜欢做游戏的心理特点，把游戏与课堂总结结合起来，通过游戏使学生的身心得到放松、浓厚的兴趣得以保持，让学生在兴趣盎然中结束课堂教学。

一位数学教师在上"约数和倍数"一课时，是这样总结归纳课堂教学内容的——设计一个游戏，学生通过学号找朋友的形式离开教室。

教师出示带有数字的卡片说："你们可以为我出示的这些数字找朋友。如果你的学号是卡片上数的倍数，你就找到了朋友，就可以离开教室了。在离开以前，你要走上讲台，为你的座位号再找出两个朋友，并大声说出来，才能走出教室。这两个朋友，一个是它的约数，另一个是它的倍数。"学生顿时兴趣盎然。教师出示卡片2，学号是2的倍数的学生一个个走上讲台，分别说出了自己学号的倍数和约数，然后离开了教室。教师出示卡片3、5时，学号是3、5的倍数的学生，也用同样的方式走出了教室。最后，教室里只剩下学号是1、7、11、13、19、23、29、31、37、41、43、47的学生。教师问："你们怎么还不出去玩呢？"学生答："因为我们的学号都不是老师拿的卡片上数的倍数。"教师问："那出什么数时，你们就都可以出去了呢？"学生答："1。"于是，这些学号的学生依次走上讲台，分别说出自己学号的倍数和约数，然后离开了教室。学生乘着游戏的余兴，投入了快乐的课间十分钟。

**5.顺口溜、快板或歌曲式课堂总结**

顺口溜、快板或歌曲式课堂总结也是新教师常用的课堂总结方式。一堂生动有趣的课就要结束了，新教师把这一堂课的主要内容以快板、歌曲或顺口溜的形式展示给学生，不仅总结了课堂教学内容，也在美的享受中结束了一节新课的学习。新教师采用顺口溜、快板或歌曲式课堂总结，学生一定会兴趣盎然，不知不觉中加深记忆。一方面能够将学生的兴趣与知识的记忆相结合，提高学习的趣味性，从主观上调动学生的积极性；另一方面能够加强学生的记忆，使学生能够记得住、记得牢。

一位历史教师在上统编教科书七年级上册第15课"两汉的科技和文化"时，采用了顺口溜式的课堂归纳总结："两汉科技才辈出，蔡伦改进造纸术。文化传播贡献早，四大发明第一步。医圣当推张仲景，'伤寒杂病'千秋著。神医华佗有绝技，麻沸散与五禽戏。悠悠华夏历史长，西汉《史记》美名扬。治病求仙生道教，丝绸路上传佛光。"

学生们在课堂总结环节，高声诵读以上顺口溜，不仅能够有效记忆，更能够在诵读中进一步感受到中华民族文化的博大精深，培养民族自信心和自豪感。

**6. 前后呼应式课堂总结**

前后呼应式课堂总结是新教师常用的总结归纳方式。新教师在课堂总结环节，对课堂教学开始时的导入内容做出合理的解释或者是解答，与导入遥相呼应。前后呼应，有助于整个教学过程和教学内容更加完整、一体化，有利于学生对教学内容的整体把握。

一位历史教师在教学"革命先行者孙中山"时，在课堂总结环节，通过孙中山先生的革命事迹得出其是革命先行者的结论，这就需要在课堂总结中对课题进行首尾呼应。教师说，"斯人已逝，幽思长存。章士钊曾说孙中山先生是革命之初祖，学完本课，你能解释章士钊为什么这么说吗？"学生："孙中山最早开始进行革命，并成立了兴中会和同盟会。"教师："除此之外呢？"学生："孙中山拥有广大的革命号召力，影响最大。"教师："孙中山先生为推翻清政府的腐朽统治，从甲午中日战争时期就开始从事武装反清斗争，屡败屡起，百折不挠。他先后建立了兴中会和中国同盟会，并提出了三民主义，使民族民主革命成为波涛汹涌的时代潮流。因此，我们称其为革命的先行者。"

可见，通过前后呼应式课堂总结，激发了学生的思维，让学生在梳理孙中山先生的革命事迹中，认识到孙中山先生对革命影响之大，从而进一步认识到孙中山先生引领了民主革命的历史潮流，既做到了首尾呼应，又复习了课堂教学内容，收到锦上添花的课堂效果。

# 专题五
# 提高专业化发展水平

　　为了积极应对当前教育教学改革新挑战与新要求，不断提高教育教学质量，新教师需要不断学习和成长，提高自身的专业化发展水平，破茧成蝶。新教师要积极采取行动，从"教学反思、拜师学习、主动自学、参与培训、校本教研"5个方面去发展自我、超越自我，不断提高自身的专业化发展水平。

# 关键 18

## 教学反思

　　波斯纳提出了一个影响深远的教师专业成长公式：经验＋反思＝成长。教学反思是促进新教师专业化发展的法宝之一，正如华东师范大学叶澜教授所言，"一个老师写一辈子教案，不一定成为名师，但如果坚持写三年的反思，就有可能成为名师"。因此，新教师要重视教学反思，提高自身专业化发展水平。这里主要阐述新教师教学反思的主要内容、基本形式及主要注意事项等方面。

### 一、教学反思的内容

　　新教师的教学反思，主要是对自己经历过的教育教学事件的过程、情节、相关事件等方面做出相应的解读或说明，或分析自己在教育教学中获得的收获或好的经验、存在的问题与优化对策，或针对教育教学事件做出假设，提出可能的改善方案，等等。可见，新教师的教学反思，不是简单地罗列教育教学实际情况（如备课、上课、课后作业、课后辅导等各方面）或具体实施过程，而是从中总结经验、发现问题、提出问题、分析问题、解决问题。教学反思涉及的内容很多，可主要从以下几个方面来分析。

#### 1.反思教育教学的好经验

　　新教师尽管入职时间不久，教育教学经验不足，但在教学反思中依然要注重梳理、总结自己在教育教学中的好经验、成功的做法、有效的策略及闪光点、亮点、特点，等等，供自己以后教育教学时参考使用，并在此基础上不断推陈出新，不断优化与完善。

例如，教学开场白简短而有趣，既吸引了学生注意力，又有效地完成了承上启下的作用；教学内容的呈现注重引导学生了解知识的来龙去脉，认识知识之间的联系，有助于帮助学生构建知识；板书层次清楚、条理分明、画龙点睛；在教学中采用小组合作法，学生积极参与其中，突破了难点，有效地完成了教学任务；分层课后作业的设计与布置符合不同层次的学生的实际情况；等等。这些教育教学中的"亮点"或成功之处都可以成为教育教学反思日志的主要内容。

**2. 反思教育教学存在的问题及其原因**

教育教学是一门艺术，不管怎样完美，都不可避免有一定的疏漏和失误，不管经验丰富的资深教师还是"名优特"教师都不可避免有一定的疏漏和失误，对新教师而言尤其如此。新教师不要担心反思自己教育教学存在的问题就是认为自己不行，甚至还会带来"后遗症"，而是要正视"问题与原因分析"。其理由就在于如果新教师不重视反思自己在教育教学中的问题及其原因，则不可能针对问题来积极采取有效的改进举措，自己的教育教学永远难以获得发展。也就是说，新教师要重视反省或反思自己在教育教学中存在的问题及其原因，为后续有针对性地改进与优化教育教学奠定基础，也为今后教育教学及其改革提供借鉴和参考，促进自身专业化发展。

例如，在情景导入时生搬硬套其他教师采用小视频方式，学生不感兴趣，其原因是所教班级的学生没有看这个电影，导致无法导入新的教学内容；在教学中，采用了小组合作学习，浪费时间，又没有成效，其原因是学生没有掌握小组合作学习的具体操作方法，如小组成员没分好，各成员分工与合作不妥，任务完成不完整等；某次课教学难点没有突破，其原因主要是对教学内容难度预期不够，学生相关知识薄弱，新教师在讲授时没注意反复练习；学生在课堂教学中纪律不好，其原因主要是新教师没有注意课堂组织教学，学生讲小话时没有及时制止，后来越来越严重，可能教学趣味性不够；等等。新教师要反思教育教学存在的问题及其原因，为后续有针对性改进做好充分准备，持续推动自己不断发展。

### 3.反思教育教学的改进

新教师还要进一步反思，如何在后续教育教学中去解决当前存在的问题，进一步优化教育教学，促进教育教学持续改进，即在分析现有教育教学存在的问题及其原因的基础上，对教育教学活动进行再调整、再设计、再完善。这是新教师开展教学方法、获得发展最关键的方面，也是教学反思的目的之一：教学反思就是为了改进优化教学，引导新教师持续发展。教师在教育教学过程中的深度反思、调整和改进，追求的正是这样的思考品质，力图寻根究底，而非浅尝辄止、浮光掠影。教学反思，正如郭华教授所言，"能及时发现学生行为和反应的教育教学意义，只有这样才能收集到有意义的教育教学反馈信息，并依据这些信息对教育教学做进一步的调整"。这样的调整就是反思教育教学的改进。

例如，针对以上情景导入存在的问题及其原因分析，新教师还要进一步反思后续改进对策——分析学生学情，分析新授知识需要的基础知识，把这两者相结合选择合适的内容与表现形式进行情景导入；小组合作存在的问题及其原因分析，新教师还要进一步反思后续改进对策——注意各小组成员的结构平衡（包括性格、性别、学习成绩），教会学生在小组中如何把一个大的任务分解成多个小任务及如何合作，教会学生管理好小组讨论的时间，还要加强教师在各小组讨论时的指导、支持与帮助；教学难点存在的问题及其原因分析，新教师还要进一步反思后续改进对策，全面了解学生与该难点相关的基础知识，在课堂教学中做好"脚手架"，并从多个角度进行分析，加强有针对性的课堂练习，及时发现问题，及时补救；等等。

值得注意的是，新教师在反思教育教学的改进时，不能有一蹴而就、一劳永逸的想法，只能在教育教学活动中反反复复、兢兢业业地求证、不断反思和自我突破。同时，新教师要学习和领会教育教学新理念，对教育教学活动的内涵、价值、作用、特点了解明白，不断克服盲目性，不搞"花架子"，从惯性思维中挣脱出来，积极做出有益尝试，改善教育教学的程序化、局限化问题，不断改进与优化教育教学，采取新的教育教学行为，推进新教师专业化发展。

## 二、教学反思的方式

教学反思方式是新教师对具体教育教学反思内容进行思维加工时所采用的外显方法，一般有反思日志、交流讨论、行动研究等方式。新教师最常用的教学反思方式是反思日志。反思日记是新教师针对某一次具体的教育教学活动，或针对某个典型的教育教学案例，或针对某一主题一段时间发生的事进行反思后撰写的文本。教学反思日志，主要包括随笔式反思日志、案例式反思日志和主题式反思日志3种。

主题式反思日志，是教师有意识地对某一主题开展较长时间的实践与思考后形成的教学反思日志。鉴于主题式反思日志对教师的理论基础、教育教学经验要求较高，新教师一般很少使用该种教学反思反式。这里主要阐述随笔式、案例式这两种新教师常用的教学反思日志形式。

### 1.随笔式反思日志

随笔式反思日志，是新教师教学反思最常用、最基础的反思方式。它不拘形式，一般没有固定的问题框架，新教师随时记录自己在教育教学实践中的所思、所感、所悟、所获。新教师撰写随笔式反思日志，一般在教育教学工作结束后，花 10~20 分钟写下自己的经验、体会和感受。

撰写课后小结或教学随笔。上完课后，新教师对自己的课堂教学进行反思、分析后，分条目、列提纲或按照教学环节记录自己在教学中的收获、问题和教训，提出自己的改进意见。课后小结不追求内容的完整，不要求形成一定的认识系统，想到什么记什么，可长可短，自由灵活。

根据问题清单依次回答。新教师为了对自身教育教学活动进行自我观察、自我反思，根据事先设计好的问题单，依次进行回答。问题清单有助于新教师快速对自己的教育教学活动进行自我评价与反思。根据问题单的提示，例如，"我的课堂导入能快速吸引学生进入新授内容吗""如果不能，存在什么问题""是什么原因导致的""后续如何改进课堂导入"，等等。新教师根据问题清单，一一回答，反思自己的教育教学行为，以便后续进一步提升自己的教育教学水平。

### 2.案例式反思日志

新教师实施一定时间的教育教学实践后，逐渐梳理出一些带有典型性、代表性的问题或教育教学事件，形成典型性教育教学案例。新教师通过全面反思自己所整理的典型性教育教学案例，形成的反思日志，就是案例式反思日志。相对于随笔式反思日志，案例式反思日志要难一些，但对促进新教师提高教育理论水平、专业发展水平成效更大。

案例式反思日志，重在新教师对典型案例的选择与分析。案例式反思日志的框架主要包括："发生了什么事情""出现了什么问题""为什么发生这样的问题""采取何种策略解决""效果如何""有什么总结与提升之处"，等等。

新教师撰写案例式反思日志要注意如下方面。其一，一般以第一人称进行记叙。其二，尽量复原并客观描述完整实际的教育教学事件，包括背景、事件的发生、过程、结果整个具体过程。其三，围绕着所发现的问题，从学生的思想、行为、情感态度，教与学的方法与成效等尽可能多的方面来分析问题及其原因。这是新教师撰写案例式反思日志时尤其应注意的问题，也是案例式反思日志的重点所在。新教师就是运用先进的教学思想和教学理念，围绕案例评析成功、不足之处及其原因。其四，新教师依据一定的教育教学理论，借鉴自己或他人的成功经验和失败的教训，探讨解决问题的方法与途径。其五，新教师进一步反思、总结归纳，形成一定可推广的理念与举措。

## 三、教学反思应注意的方面

新教师在开展教学反思时，应坚持问题导向、突出重点、借助他人智慧、深入分析，避免"漫无边际、面面俱到、冠履倒置、浅尝辄止"等问题，以期更好地实现教学反思的目的与功能。

## 专题五　提高专业化发展水平

### 1. 坚持问题导向

新教师开展教学反思，首先应坚持问题导向，以"发现问题、分析问题、解决问题、调整后再实践"为一个反思周期，通过螺旋式的循环过程来不断提升教学质量，不断促进新教师发展。

通过反思，新教师发现课堂教学或其他教学活动中存在的主要或典型问题；然后新教师收集资料、分析资料，全面地分析问题。而且，新教师在分析问题时，应注意视角和途径的多样性。也就是说，新教师在教学反思时，应坚持问题导向，聚焦想要说明、解决的某个问题，可能由于自己没把问题思考清楚，在撰写时呈现问题不聚焦。不能漫无主题、漫无边际，想到哪里就写到哪里，把自己的教学感受不加选择一股脑地全部呈现出来。

### 2. 突出反思重点

新教师在教育教学反思日志时，应突出重点，不要面面俱到，不能像记流水账一样。有的把背景或意义方面的内容陈述得过多，有的把教育教学实施过程或具体事例描述过多，导致主次不分，大大削弱反思力度。

一个小学二年级学生的新教师的反思日志是这样写的。"……今天上午有两节课。第一节是数学新授课，原以为这样简单的内容，自己能把这节课上得很好，却发现自己在上课时讲几句话就没有话讲了，教学过程开展得不好，可能是我课前太轻视了，认为内容简单，不需要备课导致的。第二节课时数学练习与巩固课，没出什么乱子。然后是大课间，班上同学表现不好，被校长点名批评……"

显然，这样的流水式的教学反思日志，没有突出重点，也就失去了反思的意义与价值。这样的反思，根本就不是反思。值得新教师注意的是，在教学反思时，如果涉及多个主题或问题，可以考虑每次反思只把一个问题说清楚，围绕这个问题作为反思重点，重点解决这个问题后再依次解决其他问题。

### 3. 借助他人智慧

新教师在开展教学反思时，还可借助他人智慧。新教师通过不同方式从学生那里得到更多的课后反馈，从学生的角度来反思自己的教学过程、教学行为及结果。例如，观察学生的学习状态，研究学生对教学行动的体验与感受，分析学生的作业与学习成果，以民主对话的方式倾听学生的不同声音等。

新教师还可以通过不同的方式从教师同事那里得到相关的反馈，来帮助自己开展教学反思。与同事一起观察自己的教学，并就实践问题进行对话、讨论与分析。"当局者迷，旁观者清"，以旁人的眼光来审视自己的教学实践，有助于新教师对自己的问题有更明确的认识，并获得更多的解决问题的途径与优化对策。

### 4. 深入分析

新教师在教学教育反思时，应围绕问题，对教育教学实际过程或具体事例展开剖析，抓住关键、层层深入，避免浅尝辄止。例如，一个新教师的反思日志："一是记录了整个教学过程；二是用一句话得出反思结论，即注重教学方法的选择，要注意全面的分析学生。"显然，这样的教学反思只停留于表面，未深入钻研，没有一步一步从教学过程中开展深入分析。新教师教学反思内容停留于表面，其原因大多是自身教育教学经验不足，以及教育教学理论、知识欠缺。因此，新教师要加强文献阅读，看看别人遇到同样的问题是怎么处理的，其理论依据是什么。新教师逐渐地将教育教学实践中反映出来的问题，借助一定的理论知识进行深入分析与反思，才能探寻问题的根源，不断解决问题，不断提高教学水平。

拓展阅读：

#### 语文教学反思的策略①

江苏省某小学老师是一名非常善于教学反思的语文教师，她总结了多年的语

---

① 杜怡萱. 新课标下语文教师如何进行教学反思[J]. 小学教学研究，2023(20):25－26.

文教学反思的经验，总结提炼了语文教学反思的三条策略，供新教师教学反思时参考与启迪。

1. 善于总结分析，在反思中完善教学

在实际教学中，教师往往会有这种感受：同时教同年级、同学科的两个班级，课前备课也相同，却总能感到第二次教学的效果略好。教师反思：为何会出现这样的现象，造成此现象的根本原因是什么呢？完成一节课堂教学后，如果教师有意识地反思自己的教学，分析自己的在教学过程中的优点和缺点，那么去第二个班上课时，对有针对性地调整、优化教学，第二次教学效果自然而然有所提高。可见，教师经过总结、分析、调整与改进等一系列教学反思，教师的教学能力不断提升，教学质量也不断提升。

例如，完成《雷锋叔叔，你在哪里》的教学后，教师对自身教学进行反思，思考教学中是否存在问题：重难点的讲述是否到位？学生能否通过教师的讲解了解课堂中的重难点内容，实现语文水平的提升？教师的课前导入如何？对雷锋的人物介绍如何？学生能否通过教师的讲解加强对雷锋的印象，从而把雷锋作为学习榜样，立志成为雷锋一样的人？学生阅读能力的培养在本节课的学习中有哪些收获？教师通过一系列的反思，对课堂中存在的疏漏与失误，认真分析原因，找出具体的解决方法，从而在反思中完善教学。

2. 善于自我提问，在反思中解决难题

教师在教学反思时，要善于自我提问，通过自我提问的方式加深对教材的理解，找寻独特的教学方法。通过自我提问，教师还可以发现教学中存在的问题，在质疑中解决遇到的难题，改变教育形式，优化教学内容，不断提升教育效果，确保语文课堂教学质量的提高。

例如，在设计完《葡萄沟》的教学方案后，教师向自己提出问题：预设的教学方法能有效激发学生的学习兴趣吗？如果不能，还可通过什么教学方法来激发学生的兴趣？按照预设的教学过程，学生能掌握重点吗？能提高阅读能力吗？如果不能，还需要做哪些补充？除预设的问题以外，学生在实际学习过程中还可能会遇到哪些问题？如何处理这些问题？通过一系列的自我提问与反思，教师进一步提高教学方案的科学有效性，从而在教学时更加游刃有余，实现教学质量的提升。

然而，尽管教师的准备工作充分，在实际教学时仍然难免遇到问题。如学生对新疆不了解，无法理解新疆特殊的气候条件，更无法感受新疆葡萄的香甜。教师后续可引导学生阅读相关科普文章，使语文教学获得延伸拓展，开阔学生的视野，增强学生的认知。此外，教学时还会出现其他各种问题，如学生之间出现争议。教师应对这些争议问题进行反思，思考问题产生的原因以及该如何避免，从而提升语文课堂教学质量。

3. 善于合作沟通，在交流中反思总结

每一位教师都有自身独特的想法及教学经验，教师进行教学反思可以借鉴他人的想法。教师应善于合作交流，汲取他人优秀的教育方法，从而提升自身的教育能力。教师之间观摩教学后进行相互沟通，可以拓展思路，结合其他教师的建议进一步对自身教学进行反思，从而改进自己的教育。

例如，教师听其他优秀教师的教学或利用网络观看相关公开课后，大家一起相互交流沟通，围绕"该教师为什么要这样组织教学；如果我来上，自己将如何组织教学；从该教师教学中学到什么，获得什么启发；该节课还可以从哪些方面优化"等问题进行分析探讨，每个教师各自对该节课的教学提出自己的观点与分析，从而实现在交流中反思总结，获得启发，提高教学能力。

# 关键 19

# 拜师学习

拜师学习，是指通过在新教师与老教师之间确立师徒关系，帮助新教师适应职业角色，促进新教师专业成长的一种途径。这里的"师傅"是指导新教师的经验丰富的教师或资深的优秀教师。与其他新教师专业成长方式相比，拜师学习的特点是将新教师、师傅、现实情境、知识、行动从分离状态变为融合状态，并在这个过程中师傅能给予新教师个性化的反馈与建议，在一定程度上保证了新教师的实践知识与实践行为的密切联系，实现了更高效的"在做中学"。同时，新教师拜师学习更多靠师傅与新教师之间的情谊维系，往往是非正式的、动态的、没有边界的，不会随着培训的结束而中止。新教师拜师学习会带来长期的合作关系，更有利于教师新长期、可持续的发展。

## 一、拜师学习的流程

### 1. 师傅"诊测"，找准新教师问题

师傅首先对新教师的情况进行摸底，一般主要是通过听新教师上一堂课来进行或通过新教师自测来进行。当然，师傅还可以通过与新教师谈话，或新教师主动向师傅介绍当前教育工作中有什么问题与困惑，以及需要的帮助与指导等方面来进行。

新教师上一堂现场课，力求原生态，不经过任何打磨。师傅参考《指导标准》中"核心能力项"中所列举的能力指标，例如，备课时是否做好相关准备；新教师是否能用学生易于理解和运用的方式讲授新知识；教学中是否能合理运用文本、图片、影视等多种教学资源；是否能联系所学知识，设计课后作业和拓展学习活动；学生是否掌握本节课教学重点；教学难点是否突破；等等。师傅对新教师上课进行"临床诊测"，从中查找最主要的"病症"，剖析"病因"，并开具"药方"。可见，师傅"诊测"，找准新教师问题，为更有后续针对性地指导新教师提供了依据。

### 2. 师傅开展理论知识等相关方面的指导

为了提高新教师对教学行为背后深层次的反思，帮助他们进一步厘清认识，改进教学，需要师傅有针对性地给新教师补充相关的理论知识。尽管新教师教学中存在的问题比较多，但一下子要全面兼顾和改进是比较困难的。师徒可以聚焦核心能力项中的重要技能指标，围绕"诊测"中的典型问题，找一个安静的地

方，集中时间通过谈话、研讨的方式；或通过推荐相关书籍的方式，来补充新教师相关的理论知识。同时，师傅还可以针对相关理论联系新教师教育教学实际进行具体指导，有助于新教师加强理论与实践的联系，提高新教师发现问题、分析问题、解决问题的实践能力。

### 3.师傅现场指导展示，新教师深化实践

师傅根据新教师预先"诊测"获得的问题及学习的相关理论知识，布置实践任务。新教师根据师傅布置的任务，做好充分准备，进行课堂教学实践。新教师在师傅的指导下进行备课、试讲，及时发现问题，指导新教师思考与修正。新教师最后在现场进行课堂教学展示。师傅单独针对新教师上的课进行听课评课，或师傅与其他教师一起组织一次教研组活动，围绕着新教师的课堂教学进行深入剖析，在肯定优点的同时，一起查找问题，提出改进意见。新教师在师傅的指导下，进一步对某节课进行再修改，进一步总结经验，提升自我。

### 4.新教师进一步反思，在师傅的指导下进一步提升认识

没有反思的教育实践是低水平的重复劳动。反思已被广泛看作教师专业发展的重要因素之一。新教师在拜师学习过程中，师傅与新教师都要注重反思。师傅指导新教师，进一步深入反思：本次课堂教学新的起色与优点在哪里，还存在什么缺陷；是什么原因导致这些不足；如何在后续的课堂教学中进行改进与优化；等等。在师傅的指导下，新教师通过撰写反思随笔或案例分析，进一步对某节课进行反思与再修改，进一步总结经验，提升自我。

### 5.师傅跟踪回访，检验新教师拜师学习效果

新教师的教育教学技能的形成与提升是一个长期的过程，师傅一两次指导，其效果难以立竿见影。因此，新教师拜师学习的过程不是一两个月，而是一两年。师傅要给新教师一定的时间内化、吸收与升华，并做好跟踪回访工作，及时了解新教师学习情况与效果，查找学习中的问题，了解新教师进一步的需求，以便及时调整指导对策，更好地促进新教师发展。

拓展学习：

### 新教师拜师学习心得体会①

作为一名新教师，我迫切需要老教师的指导和帮助，希望在老教师的指导和帮助下尽快成长。2022年9月到现在，我和王红伟老师确定了师徒帮带关系。师傅有丰富的教学经验，拥有精湛的教学艺术，专业的动手能力，并形成了自己独特、鲜明的教学风格，值得我好好学习。在师傅的指导下，经过两个学期的成长历练，我逐渐获得了一定的教育教学经验。

1. 指导我多学

师傅经常用"教师一旦今日停止学习，明日就将停止教学"这句话教育我，使我意识到：只有不断学习，才能使自己跟上新课改的步伐，才能以全新的思想、观点指导自己的教育实践。因此，一年以来，我通过参加培训、座谈会听专家讲学，阅读有关书籍、杂志等各种方式不断更新自己的教育观念。

2. 指导我多听课与多评课

师傅鼓励我多听课多评课。我积极利用听课的机会，每次师傅带我听完课后，都要求我进行评课。她说："这是对授课教师的一种礼貌，也是不断提高自身教学水平的一种途径。"师傅是这样说的，也是这样做的。每次与她一块儿听课，她总是能给授课教师提出中肯的建议，同时提出一些问题与听课教师共同探讨，其理念之新、想法之好，令同行们深感佩服。我从中受益颇多。

3. 指导我多上公开课

师傅常鼓励我多上公开课，每次上课前，她认真指导我准备课程资源、修改教案、试讲，经常忙到很晚。师傅这种高度的敬业精神深深地感动了我，作为她的徒弟，我没有理由不抓住机会锻炼自己。不论是过去、现在，还是将来，我都要以师傅为榜样，严格要求自己，在事业上再创新高！

---

① 新教师拜师学习总结．[EB/OL]．https://www.docin.com/p－2092132209.html．

4.指导我多写反思

师傅经常提醒我："作为一名年轻教师，不仅要提高自己的教学能力，平时还应注意多反思、积累，多写些东西，朝科研型教师发展。"一年来，在师傅的要求、指导下，我上完每一节课都坚持写教学反思，虽然写这些东西牺牲了很多的业余时间，但我毫无怨言，每天都生活在紧张与充实之中。通过一年的认真实践、及时总结，我的写作能力、教学水平都在不断地进步。

5.指导我做好班主任工作

师傅一边指导我的教学方法和手段，一边指导我如何做好一个合格的班主任。她说："不管是大事情还是小事情，作为班主任都要试着着手去做，去解决，这样才会提高和进步。"师傅的爱心、细心、耐心、关心和恒心，强烈的责任感、分析解决班级中存在的各种问题和处理突发事件的能力，无一不让我惊叹。

虽然只有短短的将近一年时间，在师傅的指导下，我受益匪浅，为我开启了一扇通往成功的大门。

## 二、拜师学习的新动向

### 1.从"一对一"拜师学习到"团队"指导

新教师拜师学习，原来主要采用"一对一"的师徒结对形式，即一个师傅指导一个新教师，新教师在师傅的指导下开展教育教学工作。后逐渐发展成"二对一"，即两个师傅指导一个新教师。两个师傅：一个是学科教学师傅，指导新教师教学；另一个是班主任师傅，指导新教师的班主任工作。一个师傅或两个师傅的指导，难以促进新教师的全面发展。培养新教师的师傅绝非单打独斗的英雄，而是团队合作的结果。当前，越来越多的学校采取的是团队指导新教师，也就是说，新教师的师傅，不是一两个，而是多个，是一个团队。新教师的师傅与新教师组建一个学习共同体，新教师与师傅，并联合备课组、教研组、学科组、年级组的其他师傅，互相贯通、协调指导新教师，既保证了对新教师指导的统一性，又发挥了各位师傅（指导教师）的个人与团队优势，更好地促进新教师的发展。

**2. 从师傅的单向传授到师傅与新教师的共学共研**

传统的拜师学习是一种单向的学习，即师傅指导新教师，向新教师单向输出自己的经验，新教师只是亦步亦趋地学习、追随师傅所教的教育教学方法或模式。这种单向的方式，忽视了新教师的主观能动性和创造能力。近年来，出现了从师傅的单向传授到师傅与新教师共学共研发展的趋势。新教师以一种独立自主、积极自我的专业身份进入拜师学习中，不仅吸收、内化师傅传授的经验，同时新教师不断地主动学习、自主实践，向师傅分享自己所获所得，并把自己的特长优势反哺师傅，新教师与师傅共同创造发展机会。例如，新教师可利用"数字土著"的优势，运用大数据、人工智能等技术进行教学创新，实现对师傅的反哺。

**3. 从新教师单向发展到师傅与新教师共同实现发展诉求**

传统的新教师拜师学习，往往只关注新教师的发展，没有关注师傅的发展，仅仅把师傅作为新教师的指导者或资源输出者。事实上，在新教师拜师学习的过程中，每个个体，包括新教师、师傅都有自身发展的诉求。只有尽可能满足每个个体的发展诉求时，才能最大限度地激发每个个体的活力，盘活资源，促进新教师、师傅的整体发展。对新教师而言，需要师傅强有力的专业支撑和情感支持，帮助他们站稳讲台，产生对教师职业的热爱及敬畏感；对师傅而言，除了指导新教师、促进新教师发展外，还期望能在指导新教师过程中产生获得感、成就感，并不断地完善自己、超越自己。同时，学校希望通过新教师拜师学习，实现优秀教学经验在学校内部的辐射，进而提升教育教学质量。

# 关键 20

# 主动自学

"问渠那得清如许，为有源头活水来。"新教师主动自学，加强读书是新教师专业成长的"源头活水"。新教师根据自己的专业发展阶段、所教学科和兴趣爱好，有针对性地选择阅读符合自己需要的书籍，自主学习，吸收先进的教育教学理论，且有意识地把学习成果运用到教育教学实践中去。新教师如何加强自主学习呢？这里重点探讨制订学习计划、选择合适的书籍、撰写学习心得及相关注意事项等方面。

## 一、制订学期学习计划

新教师要加强自主学习，首先要制订学期学习计划。新教师制订学习计划，就是根据自己的工作需求和兴趣爱好，确立在未来一定时期内要达到的学习目标，以及学习内容、方式或途径。新教师制订的学习计划，时间跨度有三年、两年、一年的，也有一学期、一季度等的，一般以学期学习计划为主。

一般而言，新教师常用的学习计划有三种表现形式。一种是文章式学习计划，即按照指导思想、目标和任务、措施和步骤等分条进行表述。另一种是表格式学习计划。即按照表格的形式分条进行表述。还有时间轴式学习计划，即按照时间轴的形式把相关的内容一一展示，学习内容与进度按照时间先后顺序进行编制。

拓展阅读：

### 新教师个人学习计划①

**1. 指导思想**

以学校教师读书计划为行动指南，通过学习来锻炼思维能力和对教育问题的解决能力，努力转变思想观念、思维模式，努力提高自身素质；通过学习来丰富自己的人生，生命在学习中更加精彩!

**2. 学习目标**

作为一名新教师，主要教学两个班的语文课程，兼任班主任工作，通过加强学习，预期达到以下学习目标。

（1）转变教育观念，提高自己的教育教学素养，更加积极地投入教育实践与改革，提高自己言传身教、为人师表的能力。

（2）帮助自己解决教育教学实践中的问题，提高语文教学能力与班级管理能力。

（3）帮助自己进一步树立正确的世界观、人生观、价值观和教师职业观，建立新型的师生关系，塑造良好的教师形象。

（4）培养读书的好习惯，丰富自身个人文化涵养，强化自身修养，使自己的精神世界变得更为丰富多彩。

**3. 学习内容和时间安排**

1 月：学习《新课程怎样教》（语文）。

2 月：学习《小学语文课程标准解读》（2022 年）。

3—4 月：学习《新课程中课堂行为的变化》《名师最有效的沟通艺术》。

5 月：学习《有效主题班会八讲》。

6 月：学习《教师的 20 项修炼》。

7 月：学习《爱的教育》。

8 月：学习《小学语文课程统整：理论、路径与策略》。

---

① 教师个人读书计划. [EB/OL]. https://www.yjbys.com/xuexi/jihua/2816048.html.

9月：学习《做幸福的老师》。

10月：学习《听窦桂梅老师讲课》。

11—12月：学习《班主任的六大核心素养》。

每月必读：《湖南教育》《小学语文教育》等期刊。

4.学习措施

（1）充分利用业余时间，每天保证至少1小时的读书时间，让学习成为一种习惯。

（3）要做到边读边想，紧密联系自己的语文教育教学实践、兼任班主任工作实践，读出自己的思索与见解，提高认识。在读书过程中，仔细做好读书笔记，提出质疑，主动思索，不断提高自己的素养与综合能力。

（4）主动将读书与当前教育教学改革联系起来，不断提高自己的理论水平和运用理论解决教育实际问题的能力，做到读有所悟，悟有所用，用有所得。

（5）主动和三年级组、语文学科组，以及班级其他任课教师互相沟通，互相启发，共同进步，并积极参加学校组织的线上学习论坛、线下读书沙龙，提高自身人文素养。

（5）每学期末认真撰写一份读书心得与学习总结。

李某某

2023年1月5日

## 二、选择合适的书籍

"人生有涯而知无涯。"世上的书浩如烟海。谁也不可能读尽所有的书，也没有必要去读所有的书。由于精力与时间有限，每个人的需求与兴趣爱好不同，新教师要选择适合自己的书来进行自主学习。选择书籍时应根据自身发展需要，既讲求近期实用，又要着眼长远，切实全面提高自己的专业素质，着重把握好以下几条基本原则。

一是新教师根据自己教育教学理论需求来选择经典的书籍。理论联系实际是新教师未来发展的重要途径。当前新教师普遍在教育理论方面有短板，因此要选择一些相关的经典书籍来提高自己的理论素养。例如，《新教育之梦——我的教育理想》《教师的 20 项修炼》《有效教学论》《基于学生发展核心素养的学业标准丛书》《智能学习的未来》《爱是教育的灵魂：学校素质教育的多维度探索》《学习共同体：走向深度学习》《教育要给学生留下什么》等。

二是新教师根据自己所教课程或工作职责来选择书籍。每个新教师都担任一门或两三门课程，有的还兼任班主任等其他职责。担任语文课的新教师可以选择《给语文教师的新建议：如何从新手走向卓越》《余映潮谈阅读教学设计》《小学语文课程统整：理论、路径与策略》，等等。担任语文课的新教师可以选择《我用数学教素养：教学设计 12 例》《吴正宪与儿童数学教育》《种子课 2.0——如何教对数学课》等。担任班主任的新教师可以选择《班会课，就是要解决问题》《班主任的六大核心素养》《做班主任，真有意思!》，等等。

三是新教师根据自己当前亟须解决的问题来选择相关的书籍自学。新教师在选择书籍的时候，要有问题导向，明确自己在教育教学实际中要解决什么问题。围绕着解决的问题来精选相关书籍。例如，有个新教师当前亟须解决的问题是教学方法，可以选择《如何在课堂中使用讨论：引导学生讨论式学习的60 种课堂活动》《基于问题导向的互动式、启发式与探究式课堂教学法》《如何在课堂上提问：好问题胜过好答案》等。又如，有个新教师与学生沟通有障碍，可以选择《教师怎样说话才有效》《师生沟通的艺术》《教师如何与学生沟通》，等等。

另外，还可以从网络上查阅一些专家推荐的新教师必读书目，从中选择部分书籍来精读和泛读。还可以根据教育专家和资深教师的建议和推荐，阅读一些"一流的书"和"一流作者写的书"。

拓展阅读：

新教师必读书目推荐①

1. 《教学方法应用指导》——郑金洲

2. 《给教师的建议》——苏霍姆林斯基

3. 《教师的幸福人生与专业成长》——肖川

4. 《教育魅力——青年教师成长钥匙》——于漪

5. 《做一个学生喜欢的老师——我的为师之道》——于永正

6. 《给年轻班主任的建议》——张万祥

7. 《教育的理想与信念》——肖川

8. 《育人三部曲》——苏霍姆林斯基

9. 《给教师的100条新建议》——郑杰

10. 《爱心与教育》——李镇西

11. 《有效教学十讲》——余文森

12. 《不跪着教书》——吴非

13. 《教育实话》——陈桂生

14. 《教有所思》——李镇西

15. 《守望教育》——刘铁芳

16. 《坚守讲台》——商友敬

17. 《玫瑰与教育》——窦桂梅

18. 《幻想之眼——一个教育者的内在冲突》——张文质

19. 《教育智慧从哪里来——点评100个教育案例》——王晓春

20. 《教师专业成长的途径》——张万祥、万玮

21. 《教学勇气——漫步教师心灵》——帕尔默

22. 《听窦桂梅老师讲课》——窦桂梅

23. 《听李镇西老师讲课》——李镇西

---

① 新入职教师必读书目．［EB/OL］．https://wenku. so. com/d/dbf3dbce1e1b0473b47f995e0bcdd1f6.

24. 《听袁卫星老师讲课》——袁卫星

25. 《听余映潮老师讲课》——余映潮

26. 《言说抵抗沉默——郭初阳课堂实录》——郭初阳

27. 《班主任兵法》——万玮

28. 《生命化教育的责任与梦想》——张文质等

29. 《轻风掠过心灵——99 个感人的教育故事》——张文质

30. 《给年轻班主任的建议》——张万祥

31. 《教育中的心理效应》——刘儒德等

32. 《教育小语——100 位中外教育家的智慧感悟》——单中惠

33. 《16 位教育家的智慧档案》——张彦春、朱寅年

34. 《今天，我们怎样做班主任》（小学卷）——高谦民

35. 《今天，我们怎样做班主任》（中学卷）——王宁

36. 《今天，我们怎样做班主任——优秀班主任成长之路》——齐学红

## 三、撰写学习心得

新教师认真学习完某本经典教育理论书籍，或与自己教育教学工作密切相关的书籍，或对自己启示很大的书籍后，还可以进一步撰写学习心得，把自己从该书中获得的感受、体会及受到的教育、启迪等记录下来，进一步深化学习内容。新教师如何写好学习心得呢？

### 1. 学好原文

新教师首先要学好原文，才能写好学习心得。学习心得，顾名思义，"得"是因"学"而引起的。显然，学好原文是写好学习心得的前提与基础。新教师只有学得仔细、认真与深入，才能有所"得"，且"得"得深刻。新教师在阅读时，至少要弄清原文的主要论点（见解和主张），或批判什么错误观点，其论据和结论是什么；要弄清主要情节，有几个人物及其关系，故事发生的时间、地点、发展过程与结果；还要弄清楚原文通过记人叙事，揭示了人物什么样的精神品质，反映了什么样的社会现象，表达了什么思想感情；等等。新教

师在此基础上进一步思考，书本中哪些内容最让自己感动，为什么有这样的感动，等等。

### 2.选择自己所得最大的方面去撰写

新教师撰写学习心得，一定要认真思考、分析，尤其要提炼自己的所感、所想、所得，选择自己所感、所想、所得最深刻的方面去撰写。例如，新教师可以抓住原文的中心思想去撰写，也可以抓住自己所得最大的某个情节、某个人物、某句哲理来撰写。新教师撰写学习心得时，不能像蜻蜓点水一样，也不能面面俱到，应反映真正从书本所得体会。

### 3.密切联系教育教学实际去撰写

新教师要撰写学习心得，其目的就在于联系教育教学实际，所读之书要为改革自己后续教育教学提供帮助。新教师联系教育教学实际范围很广泛，可以联系教师自身的教育教学实际，也可以联系其他教师教育教学实际，还可以联系整个学校、整个教育界的教育教学实际，等等。

### 4.基本内容框架齐全

新教师在撰写学习心得时，要注意其基本内容框架齐全。其一，简要表述书本的主要内容，一般包括书名、作者、出版时间及内容概要，为后面的议论做好铺垫。其二，旗帜鲜明地表述自己从书中收获最大最深的基本观点。其三，围绕这个基本观点，摆事实、讲道理，证明观点的正确性。其四，围绕这个基本观点联系自己的思想、言行、经历，以及进一步探讨自己当前面临的教育教学现象，分析问题、解决问题。

拓展阅读：
#### 《教育魅力——青年教师成长钥匙》读后感①
今年寒假，作为一名新入职不久的菜鸟教师，师傅王老师向我推荐了一本增

---

① 《教育魅力——青年教师成长钥匙》读后感. ［EB/OL］. https://wenku. so. com/d/76c00f2dfdd84d5bb57b0c87c9542d87.

强教师通识教育的书——特级教师于漪先生的《教育魅力——青年教师成长钥匙》。我认真阅读后，感受颇多，很有收获。

一个教师拥有魅力，学生就喜欢多亲近，聆听其教诲，正如《学记》所云："安其学而亲其师，乐其友而信其道。"教师的教育魅力主要包括形象魅力、情感魅力、学识魅力、才干魅力和品格魅力。形象魅力自然重要，但终究是外观，在和学生长期接触中，随着时间的流逝而"久入芝兰之室而不闻其香"。情感魅力能使学生受感化，学识魅力是使学生真正信服的不二法宝。每个教师都应在教导教学中，提升自己的业务才能，最终形成自己的教学风格。教师的才干魅力有助于加强班级凝聚力；品格魅力有利于学生形成优良的品质，以及正确的世界观、人生观、价值观。教师教育魅力的形成是一个由内而外的长期过程，是教师内在美与外在美的统一。

作为一名新教师，我应如何提升自己的教育魅力呢？根据自己的实际情况，急需从以下几方面做出努力。

1. 磨炼自己良好的语言表达才能

说得清，说得脆，是最外观的层次，要逐渐在语言上形成幽默的特点。正如书中学生所说，"幽默的老师会带来快乐，使课堂不致单调"。

2. 爱学生

在该书中，激励、欣赏、循循善诱、启发、引导是于漪老师常用的与学生交流的方式方法。教师的任何举动和潜在的心绪都不会逃出学生的眼睛，教师只有真正的宽容、理解、赏识才能换来学生的真心。就如于漪老师的一段亲身体验：学校有一个行为偏差很严重的学生，逃学两年、打群架、偷窃。找到这个学生后，于漪老师将他领回家，反反复复地教导他、激励他，费尽心力终于将他拉回头。教育魅力便是以一颗真诚的爱心去铺就学生的成长、成才之路，全心全意地解他们思想、生活、人生之惑。

3. 逐渐形成自己的教学特色与风格

课堂教学是一门艺术，不同的教师在课堂上会演绎出不同的感染力和艺术效果。从书中的例子可以看出：要充分做好自己的教学设计准备，逐渐形成自己的教学特色与风格，积极调动学生的主动性和积极性。

4.多读书、多积累

博学是教育魅力不可或缺的方面。博学的教师能激发学生不断地拓展自己学识视野的兴趣。博学的教师会像一块磁石一样把学生吸引住，成为学生效仿的模范。

# 关键21

# 参与培训

新教师，一般指入职1~3年的教师。这是新教师开始教育教学工作的关键适应期，也是专业发展的重要阶段。新教师参与培训是促进其教育教学能力发展的重要途径，也是促进专业化发展的关键手段。这里主要从新教师参与培训时，如何选择合适的培训内容，积极探索"互联网＋新教师培训"、强化新教师培训的实践取向等方面来阐述，以提高培训的成效。

## 一、选择适合自己的培训内容

培训内容是为实现培训目标服务的。为了促进新教师发展，一般而言，新教师培训的内容主要涉及如下方面。在参与培训时，新教师应根据自己需求，选择适合自己的培训内容。

### 1.师德师风方面的内容

师德师风，是教师从事教育教学工作时必须遵守的道德规范和行为准则。社会对包括新教师在内的所有教师的师德师风（职业道德）有很高的要求。新教师尤其应加强爱国守法、爱岗敬业、关爱学生、教书育人、为人师表、终身学习等职业道德。因此，新教师参加培训时，要加强师德师风的学习。要学习习近平新时代中国特色社会主义思想、二十大报告、《中小学教师职业道德规范》《新时代中小学教师职业行为十项准则》等。通过学习，新教师成为有理想信念、有道德情操、有扎实学识、有仁爱之心的四有好教师，做到坚持教书和育人相统一、坚持言传和身教相统一、坚持潜心问道和关注社会相统一、坚持学术自由和学术规范相统一。

### 2. 教学方面的内容

教学是新教师的中心工作，该方面的培训内容相对而言，比较丰富。教学方面的内容与新教师准确、科学实施教学行为的基本能力和素质密切相关，包括"教学规范""新课程理念下的教学设计""新课程理念下的教学实施""课程教材教法研修""课堂教学技能""如何提高课堂教学的有效性""教师应如何听课评课"等内容板块。例如"课程教材教法研修"板块，主要涉及熟悉课程标准，明确课程的性质与地位、基本理念；了解教材编写的指导思想、基本原则；熟知学科教材的基本内容、具体教学目标、要求及重难点；了解基本的课程教学方法，能根据内容选择恰当的教法。又如，"现代教育技术基础"板块，主要着眼于教学中最常用的计算机与网络、多媒体技术，课件制作、网络远程学习操作方法简介等，为新教师应用现代教育技术辅助教学作引导。又如"说课、听课与评课"板块，让新教师了解说课、听课与评课的基本方法，为其开展教学提供常规指导。

### 3. 管理方面的内容

为了帮助新教师与学生进行有效的交流和沟通，维持课堂纪律，及时巧妙地化解课堂冲突，妥善正确地处理学生偶发事件，提高学生管理、班级管理能力，新教师培训开设了"班级和学生管理""班集体建设""班级活动策划与实施""班干部培养""家校高效沟通"等内容板块，增强新教师的管理能力。例如"班主任工作常规"板块，着眼于班级制度建设、日常管理等，结合实践为新教师提供班级管理的方法。又如"家校高效沟通"板块，旨在引导新教师主动真诚地与家长沟通，采用多样化途径，提高与家长的合作意识，保证家校共育的一致性。

### 4. 教师自身发展方面的内容

为了促进新教师发展，新教师可参加"写案例与反思""教师如何写好教学经验类论文""教师怎样做课题研究""教师心理健康""教师教学与幸福指数"等培训。例如，"教师心理健康"板块，主要为新教师应对工作与生活环境，打下良好的心理基础，并为其专业化的发展提供指引；同时引导新教师涵养积极心理，打造幸福人生。

## 二、积极参与线上培训

人工智能、大数据等新技术全面推广和教育信息化发展，为"互联网＋新教师培训"提供了持续发展的技术力量。人工智能技术的迭代进步，为新教师参与培训创设了浸入式的立体化学习环境，使基于用户画像技术的精准化课程资源推送逐渐成为现实，为新教师培训泛在学习和个性化学习提供了可能。泛在学习契合了实践性知识的特征，有助于教师实践性知识在内化、外化、组合化、社会化的螺旋循环中实现分享、共享与增长，开辟了实践性知识的高效能传播与创生的新路径。基于大数据分析的精准化课程资源推送助推新教师基于需求的个性化学习成为常态，强化新教师培训中"需求—课程—学习"的内在一致性，同样有益于摆脱新教师培训针对性不强的困境。

智能技术与新教师培训与学习的深度融合是未来的发展趋势。例如，江苏省常州市在对新教师培训需求分析的基础上，针对教师培养发展的现实痛点，提炼了新教师在课堂教学、班级管理及人际沟通中的30个典型场景，通过数字技术与教学实践的融合，定制化开发面向新教师基础技能的场景训练系统。新教师通过手机端或电脑端进入系统选择具体的演练场景后，进行个人训练视频录制，系统与优秀教师演示视频分析比对，得出分析报告并提出改进意见，再进入下一轮训练循环，促进新教师教育教学技能快速提升。

新教师还可以根据自己需求，自主选择合适的线上培训平台，如全国中小学教师网络研修平台、中国教师发展网、全国中小学教师继续教育网、教师网络培训和服务平台，等等。新教师可根据个人兴趣、工作需要，自主利用网络教育资源，选择培训课程与内容，提高自己专业发展水平。

## 三、强化培训的实践取向

考虑到以掌握知识为主要目标、以讲授为主要方式的理论取向培训解决不了新教师的角色转变和教育教学能力提升等问题。因此，学校要注重新教师培训，要建立以能力为主要目标、以参与活动为主要方式的实践取向的培训体系。这里主要引用缪剑峰的《新教师培训需强化实践取向》的研究成果。

### 1. 确定发展性的培训目标

新教师培训既要解决好适应期的能力转化和角色转变，更要为未来的职业生涯持续发展打好坚实的基础。新教师培训不仅要促进新教师丰富教育教学经验，促进教育教学技能的熟悉与熟练，更要促进新教师专业知识、专业能力的发展，不断推进新教师从"能教书、能育人"到"会教书、会育人"，再向"教好书、育好人"逐级发展；不仅要培训能力，也要引导教师积极生活，为其教育人生营造美好氛围。

### 2. 建设操作化的培训内容

新教师在教育教学上不是"零起点"，培训内容不必面面俱到，而是要针对实际教育教学工作的需求来设置，更多按照"怎么做"来设置。由于新教师学习时间与精力有限，因此设置学习内容要少而精，案例材料呈现要精选，可以用"一、二、三"操作清单的方式进行设计。此外，还要能帮助新教师，学会在什么情境下用什么内容，形成系统的认知结构，而且要用变式训练来强化所学内容的应用。

### 3. 运用活动化的培训方式

新教师缺少教育教学经验,需要能力提升培训。能力的培训、经验的培训不是靠"说",而是靠"做"。有效的培训方式是"观看评析课堂实录""同行介绍经验和展示""示范—模仿""指导教师带教指导"。因此,新教师培训要让新教师"动"或"活动"起来。要对应新教师的实际教育教学工作场景,设置真实情境或模拟情境,引导新教师参与、操作、体验、合作、探究、讨论、反思;注重实际演练,通过行为示范(培训者示范等)、实地操作(上课、片段教学等)、角色扮演(微格训练、情境模拟等),让参与培训的新教师在活动中、在实际操作中获取经验、发展能力。同时,还要注重学习共同体建设,在培训中把 4~6 个新教师组成学习小组,发挥学习小组对交流与合作、反思与建构的促进作用,让新教师在培训中"面对面"学习、在培训后发挥专业互助和心理支持的作用。

### 4. 建立"训前—训中—训后一体化"培训模式

新教师培训要"长周期,短培训",改变封闭的段落式培训,按"岗前集中—岗中跟进—岗后总结"三个环节设置,使"岗前与岗后"一体、"培训与培养"一体、"学与做"一体。

(1)做好训前准备。针对新教师适应与发展需求,在新教师需求调查基础上,要求新教师在培训前完成针对性的准备,如"一节教学设计""一节课的说课""一个班级管理计划""入职问题清单"等,既强化学习意向,也为培训提供基于经验的学习资源。

(2)确保训中任务完成。培训期间,针对新教师的校园生活、学科教学、班级管理等方面的问题,为新教师配备帮扶结对志愿者(区域内的青年教师)、带教实践导师(校内资深教师)、专业发展导师(区域内优秀教师),给新教师提供定期"跟踪诊断指导"或随时专业咨询等持续指导活动,确保培训任务完成。

（3）做好训后评价。培训者立足发展性的培训目标，从新教师的学科教学、班级管理和校园生活等方面，通过教学设计、教育教学实录、课堂展示、他人反馈、学校或指导教师评语等形式，对新教师发展做好评价与反馈，用评价来引导新教师把握自己进步与发展的表现、存在问题与原因、需要改进的方面与策略。

### 5. 建构"做—学—议—改—展—结"的培训流程

新教师要掌握专业的程序性知识和策略性知识，需要"做—学—议—改—展—结"的培训流程，才能强化教师的专业情意，发展专业能力。

（1）"做"。针对培训目标和内容，新教师做一个相关的教育教学活动或一份实践性练习，并罗列出做的过程中的困难与困惑。例如，如何备课的培训，要求新教师设计一节课，并列出在"备教材""备学生""备方法""备过程"等方面存在的问题与困惑。

（2）"学"。针对新教师所做的作品（或练习）、存在的问题与困难，组织新教师学习相关内容，引导新教师掌握教育教学的程序性和策略性知识。新教师可以通过精要讲授、案例教学、行动评议等方式，实施"学"这个环节。例如，新教师结合实际，可以学习备课的内容、要点、程序、存在问题、注意事项等，还可以通过优秀教师的备课案例进行"示范—模仿"学习。

（3）"议"。组织新教师以小组合作探究形式交流自己的作品，并根据理论学习评议其优劣如何。例如，培训者组织新教师在组内以说课形式交流自己的教学设计，然后按照所学知识相互开展评议，各自分析教学设计的优缺点。

（4）"改"。新教师认真反思自己的作品，对接理论指导和他人优秀经验进行内化与重组，修正完善自己的作品。例如，新教师根据所学习的知识、经验和别人的建议，认真反思自己的设计：哪些地方需要修改、为什么要修改、如何修改，在此基础上重新修订自己的教学设计。

（5）"展"。新教师在培训小组和培训班级中展示自己修改完善的作品及其依据，培训者与参加培训的新教师开展评议。培训者要展示参训新教师的典型作品，分析并指导共性问题。例如，培训"如何备课"，新教师先在小组内分别展示、评议各自修改完善的教学设计（重点介绍修改的部分及其依据），培训者再选取典型的教学设计，进行有针对性的指导。

（6）"结"。新教师根据培训者的指导和其他参训新教师的建议，对自己的作品及其操作进行反思总结。例如，让新教师结合自己的教学设计，反思总结"备好课的要点、流程、存在的问题及对策""如何做到举一反三""自己备课存在的优势与不足，以及今后改进与发展的方向"等方面，持续促进新教师发展。

# 关键 22

# 校本教研

校本教研，是促进新教师专业发展的重要方式之一。校本教研的方式很多，如公开课展示、微型课题研究、集体备课、说课听课评课、课例研究，等等。根据新教师的需求，这里主要阐述集体备课、说课等常用而有效的校本教研方式。

## 一、集体备课

集体备课是校本教研的有效方式之一，是新教师专业化成长的有效途径。集体备课强调教师集体智慧与教师个人创意的结合，把教师从烦琐、应付性的劳动中解放出来，实现了教师由"劳苦型"到"创新型"的转变，使备课真正做到"备"而不是以前的"写"，更注重"研"与"探"，浓厚的校本教研氛围，促进了教师发展。新教师要主动参与到集体备课中，在集体备课的几个环节都要积极行动，不能做南郭先生。

**1.钻研好教材、写好教案初稿**

新教师一开学，就要根据备课组制订的集体备课计划，提前熟悉教材，把课程标准、教学内容吃透，梳理出教学目标、教学内容的知识点，确定好教学的重点和难点，写好教案初稿。尤其要尝试着在如何实现教学目标，选择什么样的教学方法、如何突出教学重点、如何突破难点等方面进行深入思考和设计。钻研好教材、写好教案初稿是新教师参加集体备课的基础，这一步做好了，后续教师集体交流的思想碰撞和相互启发才有意义，集体备课才有意义，真正发挥促进教师专业化发展的作用。新教师千万不要认为，反正有集体备课，自己就不需要了解教材、钻研教学内容，更不需要自己备课了，直接用集体备课后形成的教案就可以了。

**2.积极参与讨论发言，集思广益**

一般而言，集体备课的研讨、相互交流讨论的流程是这样的。首先，主备课教师围绕自己如何钻研教材、调研学生、利用资源等方面来阐述备课的具体做法，以及为什么要这样设计备课的有关理论依据、缘由与自己的观点与理解。其次，备课组教师共同研讨、集体交流、各抒己见、补充完善。新教师在研讨过程中，一定要积极参与其中。例如，在主备课教师发言时，要比对自己的备课设计有什么差别，进一步思考，主备课教师的设计在哪些方面做得好，自己在哪些方面需要改进。同时，新教师在集体备课交流讨论时，主动把自己的设计与想法向其他教师分享，向其他教师请教。新教师在这个过程中，千万不要认为自己经验不足，说不到点子上，就不发言也不思考，这样就达不到集体备课共同研讨、碰撞思想、激发灵感的效果。最后，备课组教师在集思广益的基础上，进一步总结本次备课的优点与需要改进的地方。新教师比对自己设计的教案与主备课人、其他教师研讨时的观点，解决自己在备课中的问题与困惑。

**3.积极改进，开展二次备课**

备课组集体讨论交流后，主备课教师综合集体的意见和智慧，在第一次备课的基础上形成一个新教案。新教师首先学习集体备课的新教案，同时根据自己在集体备课的讨论交流环节所获得的收获，全面修改自己第一次备课的教案。新教师千万不能直接拿着集体备课形成的教案就去上课，而要对自己的教案与集体备课的教案进行再修改与创新，或补充，或批注，或圈画，或删改。新教师一定要根据自己教学的实际情况与所教班级学生的实际情况，进一步对集体备课的教案与自己第一次备课的教案做深入的推敲、斟酌，在原来教案的基础上旁注、圈点，可以是知识点的解说、教学方法的更换，也可以是一个小教学环节的调整，或一个大教学板块的变动，或对一个教学步骤的细化。总之，新教师要形成一个新的教案，既体现备课教师集体的教学智慧，又体现自己的教学个性。

**4.教后评价与反思，促进自己不断提升**

新教师要主动邀请备课组教师来听自己的课、评价自己的课，这样更有助于新教师的发展。通过邀请备课组教师听课、评课，新教师通过备课组教师评价的反馈，更清楚地知道：自己本次教学比以往教学更合理、更科学的地方；在哪些方面有所创新与改进；哪些方面需要改进与提升；为什么在这些方面要改进与提升；等等。新教师要真正理解"为什么这样做"，同时感悟"怎么做"。

新教师根据第二次教案，实施课堂教学后，还要及时地写好教后记或课后反思，将课堂上出现的偶发事件的处理、闪现的教育艺术火花、教学环节的巧妙衔接、瞬间的灵感、课堂教学中的成功与失败、困惑等记录下来，不断地反思，做到"吾日三省吾身"，在实践中思考，在思考中实践。反思是新教师成长的必由之路。新教师要逐步形成对自己教学活动经常性反省的习惯，以便更好地调控、革新自己的教学行为，促进自己的专业化发展。

拓展阅读：

**新时代教研组集体备课的实践路径①**

1."好课多磨"

集体备课的主题要聚焦课程标准中的某一内容和要求，要在课标的具体化上

① 韩志祥. 好课多磨：新时代教研组集体备课的实践路径[J]. 人民教育，2022(23):67 - 68.

下功夫。围绕主题开展教材分析时，将课程标准结合教材的逻辑进行具体化阐述，研究知识的形成过程与知识之间的逻辑关联。如何做好集体备课中的"好课多磨"，主要有以下几个步骤。

步骤一：主备课教师主备一节课。反复研读课程标准，探寻教材设计思路，深入分析班级学情，查阅优质教学参考资料，创设课堂的情境、选择教学方法、设计问题串、学生活动及师生互动和挑战性任务。

步骤二：在教研组集体备课时，主备课教师首先设计教案初稿，向教研组全体教师讲解设计思路。教研组其他教师在事先认真研读教学内容、预设教学设计等基础上，从教学目标与课程标准的匹配度、课程内容与学生的适切性、问题设计对知识建构的生长性、学生活动设计的有效性、教学方法的针对性等关键维度进行思考，提出修改建议。在集思广益的基础上，主备课教师形成教案第二稿。

步骤三：主备课教师面向全体教研组成员展示教研组公开课，组内教师对教学设计在课堂中的实施情况做详细记录，然后再组织集体评课，聚焦教学目标的达成情况，根据听课过程中的行为观察，集中就教师的教学设计、教学行为，结合学生的反应进行评价与分析。在集思广益的基础上，主备课教师形成教案第三稿。

步骤四：教研组其他教师根据主备课教师形成的教案第三稿，进一步根据自己的实际情况与所教班级的实际情况，形成一个新的教案，既体现集体备课教师的教学智慧，又体现自己的教学个性。

2. "好题多磨"

在依托教研组的基础上集体备课，还要注意作业设计，"好题多磨"必不可少。以学生发展为中心分析和设计教学活动，在保证课程标准内容要求的前提下，兼顾班级学生整体情况和个体差异，探讨学业质量标准达成路径。做好集体备课中的"好题多磨"，主要有以下几个步骤。

步骤一：由主备课教师围绕作业设计主题开展独立命题。一是要考虑测试目标。作业目标的确定既要符合国家课程标准的要求，又要密切关注学生的现实。二是要考虑作业的结构。好的作业结构可以增强各个作业内容之间的内在联系，有利于从整体上达成作业目标。三是要考虑作业的内容。作业内容承担着素养养成的功能，是达成测试目标的主要载体，需要从目标出发，难易适度。

步骤二：教研组集体打磨作业。由主备课教师围绕作业的目标、结构、内容展开分析，全面系统地阐释设计思路。教研组全体教师在作答设计出的作业基础上，结合主备课教师的思路，围绕目标、内容和结构三方面提出具体的修改建议，重点看作业是否充分体现了对学生核心素养考查的要求，整体难度是否符合学生的认知水平和基础，结构是否科学，内容选择是否密切联系生产生活、贴近学生实际、与时俱进等。总之，要确保所设计的作业目标更精准、结构更科学、内容更适切。

步骤三：测试后再分析与再完善。主备课教师根据教研组其他教师的建议，完善作业设计，并在自己所教班级进行测试。根据学生测试情况，进一步分析作业的难度、区分度、效度和信度等方面。集体备课时，教研组教师把原先设定的作业目标、结构、内容与测试数据进行对照，分析学生在哪些方面存在问题，反思此次作业的目标是否达成，难度是否合理，结构是否科学，学生存在哪些典型错误，并且进行归因分析。也可以配合学生的访谈，从而准确定位错误原因，再次完善作业，为形成教研组系列化精品作业奠定基础。

## 二、说课

"说课"是新教师在备好课的基础上，面对其他教师，在规定的时间内，针对具体课题，采用讲述为主的方式，系统地分析教材和学生等，阐述自己的教学设想及理论依据，然后由其他教师评议，达到互相交流、共同提高的一种有效校本教研活动。新教师要说好课，需注意以下几方面。

**1. 说教材**

新教师在说课时，首先要说明自己对教材的理解，具体包括：确定学习内容的范围与深度，明确"教什么"；揭示学习内容中各知识与技能的相互关系，为教学顺序的安排奠定基础，知道"如何教"。新教师在说教材，具体从以下几方面去陈述。

（1）说一说教材的地位作用。新教师要说明课程标准对所教内容的要求，不能脱离课标来说课，否则，教学内容就成了无本之木、无源之水。新教师还要说明教学内容在节、单元、年级乃至整套教材中的地位、作用和意义，说明教材编写的思路与结构特点。

（2）说一说教学目标的确定。新教师在说教学目的时，一要注意目标的完整性，包括知识与技能、过程与方法和情感态度价值观等3个方面的目标；二要注意目标的可行性，要符合课程标准的要求，符合班上学生的实际情况；三要注意目标的可操作性，目标要求具体、明确，能直接用来指导、评价和检查课堂教学工作。

（3）说一说教材的重点和难点。新教师在说教学重点时，不仅包括知识重点，也包括能力和情感的重点，还要具体分析教学难点和教学重点之间的关系。

**2. 说学生**

新教师说课时，必须说清楚学生情况。

（1）说一说学生的知识经验。新教师主要说明学生学习新知识前，所具有的基础知识和生活经验及其对学习新知识产生的影响。

（2）说一说学生的技能态度。新教师主要分析学生掌握学习内容所必须具备的学习技巧，以及是否具备学习新知识所必须掌握的技能和态度。

（3）说一说学生的特点风格。新教师说明学生年龄特点，以及由于身体和智力上的个别差异所形成的学习方式与风格。

### 3.说教学方法与教学手段

新教师在说课时，要明确说明选用什么样的教学方法和采取什么样的教学手段，以及采用这些教学方法和手段的理论依据或原因是什么。

（1）说一说选用的什么教学方法及其依据。一般而言，新教师在一节课内，选择一两种教学方法为主，穿插渗透其他教学方法。新教师从教学目标、教材编排形式、学生知识基础与年龄特征、教师的自身特点以及学校设备条件等方面说明选择教学方法的原因。另外，教学过程是教与学统一的过程，新教师在说课时还要说明教会学生学习的方法和规律。

（2）说一说选用的什么教学手段及其依据。新教师尽可能使用现代化的教学手段，教具不要选择过多，也不要使用过频，否则，课堂教学变成教具或课件的展览。当然，新教师也要注意，教学手段不能过于简单、流于形式。要根据学科特点、依据教学目标、教材内容、学生的年龄特征、学校设备条件、教具的功能等方面来选择合适的教学手段。

### 4.说具体的教学过程

新教师说具体的教学过程是说课的重点或核心部分，只有通过教学过程的说明或分析才能看到新教师独具匠心的教学安排；只有通过教学过程的说明或分析，才能看到新教师的教学安排是否合理、科学和艺术。一般而言，新教师要说清楚下面几个方法的内容。

（1）说一说教学思路的设计及其依据。新教师要将各教学环节的顺序安排及师生双边活动的安排等教学思路说清楚，且要体现层次分明，富有启发性，能体现教师的主导作用和学生的主体作用。新教师还要说明为什么要这样设计，即设计的理论依据。

（2）说一说教学重点、难点的处理。新教师在说课时，必须重点说明突出教学重点、突破教学难点的基本策略。新教师要具体从知识结构、教学要素的优化、习题的选择和思维训练、教学方法和教学媒体的选用、反馈信息的处理和强化等方面去说明突出重点、突破难点的步骤、方法和形式。

（3）说一说各教学环节的时间分配及其依据。新教师要联系教材内容、学生实际和教学方法等方面，分析各个教学环节时间的具体安排及其依据。特别要说明一节课里的最佳时间（20～25分钟）和黄金时间（15分钟）是怎样充分利用的。

（4）说一说板书设计及其依据。新教师主要介绍这节课采用什么样的板书方式，什么时候板书，板书的具体内容是什么，板书的展现形式是什么，等等。新教师在说板书设计时，要注意知识科学性、系统性与简洁性，文字要准确、简洁。板书依据，可联系教学内容、教学方法、新教师本身特点等加以解释说明。

**5. 说教学效果的预测**

新教师在说课时，还要对学生的认知、智力开发、能力发展、思想品德的养成、身心发展等方面做出具体的、可能的预测。

拓展阅读：

### 《爬山虎的脚》说课①

江苏徐州市某小学老师的说课《爬山虎的脚》，值得新教师说课时参考。

1. 说教材

《爬山虎的脚》是四年级《语文》上册第三单元的一篇课文。本单元的语文要素为培养学生连续观察和描写事物的能力。《爬山虎的脚》是叶圣陶先生写的一篇文质兼美的小品文，其最大的特色就在于观察仔细，遣词造句生动传神，充分体现了叶圣陶"优秀语言艺术家"的语言风格。

---

① 杨雪，黄百严. 追求简约而丰满的阅读教学：《爬山虎的脚》说课与点评[J]. 小学语文教学，2022（35）：44－45.

2.说目标

根据课标要求,结合课文特色及学情,提出以下第2课时教学目标:有感情地朗读课文,培养语感;抓住关键词句品读感悟爬山虎的特点,通过品读辨析比较,学习作者观察仔细、用词生动的方法,陶冶情操;迁移运用写法描写吊兰,培养语用能力。其中,"目标2"是本课教学重点,"目标3"是教学难点。

3.说过程

(1)复习巩固第一节课的内容,直奔第二节课的重点

一上课,引导学生回顾上节课的学习内容,说一说课文是从哪些方面描写爬山虎的(边板书:叶、脚)。这节课,引导学生再次走进课文,去观赏爬山虎,感受叶圣陶爷爷的语言文字魅力。

(2)品悟语言,揣摩表达

本课主要从爬山虎叶、脚的样子和爬山虎的脚是怎么爬的等方面描写爬山虎。选取关键语句,引导学生重点品读描写叶子和爬的内容,做到教学内容的简约。PPT出示:默读课文,想一想爬山虎有哪些特点;画出关键词句;学生小组合作交流讨论,之后全班交流。这部分从两个方面进行引导。

第一,品读文字,感悟叶的特点。一是出示:"默读第2自然段描写爬山虎叶子的语句,说一说爬山虎的叶子有什么特点,你是从哪些词句看出来的。"引导学生抓住"绿得新鲜""看着舒服""铺得均匀""好看得很"等词语体会,归纳并板书叶的特点:绿、均匀、美。二是出示叶的图片、动画,让学生直观形象地感受叶的绿、均匀、美,深化阅读感悟。三是让学生用多种形式有感情朗读相关语句,在深化认知的同时,培养学生的朗读能力。四是让学生想一想作者是怎么描写叶子的,引导学生发现,作者抓住了爬山虎叶子的特点,运用动静结合的方法描写了爬山虎的叶子。这样的阅读,读出了层次,读出了内涵,读出了深度,提升了阅读教学的品位。

第二,比较辨析,感悟爬的奇妙。一是让学生阅读描写爬山虎的脚爬的语

句，圈画出描写动作的词语"触""巴""拉""贴"。二是出示课文原句和调整动词顺序的语句，品读比较：修改后的句子和课文原句哪个好？为什么？通过一番比较辨析，学生发现"触""巴""贴"三字写出了爬山虎的脚与墙壁逐步贴紧，最后牢牢贴在墙上的过程。学生深刻感悟了文字的内涵，更领悟到作者遣词造句的准确生动，不仅体会到"写什么"，还懂得了"怎么写"；不仅关注了言语内涵，更关注了言语形式，实现了言意兼得。学生也真切感受到叶圣陶爷爷观察仔细、遣词造句生动准确的语言风格。

（3）学习写法，迁移运用

注重语言文字运用是2022年版课程标准凸显的一个教学理念。充分挖掘本课最为精华的言语形式，有针对性地设计迁移训练。

首先，让学生观察吊兰，通过看、摸、闻等多种感官观察体验，获取直观形象的认知。接着，引导学生观察静态和动态的吊兰，并展开丰富的想象，按照由说到写的顺序，学习作者抓住特点、动静结合描写吊兰的写作手法。最后，师生共评，修改完善。充分抓住课文的言语训练点，训练学生的语言运用能力。

（4）推荐读物，拓展阅读

最后的作业，推荐学生阅读叶圣陶的童话《稻草人》，实现了课内阅读向课外阅读的延伸。

4.说板书

出示板书：略。

板书就应当言简意赅，言有尽而意无穷。

# 参考文献

[1] (加)马克斯·范梅南.教学机智:教育智慧的意蕴[M].北京:教育科学出版社,2014.

[2] 江毅馨,李尚俊.三笔字[M].长沙:湖南师范大学出版社,2018.

[3] 黄立新.信息技术教学应用[M].北京:高等教育出版社,2020.

[4] 苏启敏.学生评价[M].北京:北京师范大学出版社,2023.

[5] 刘徽.教学机智论[M].上海:华东师范大学出版社,2008.

[6] 徐玉珍.从基础教育课程改革需要出发重新思考教师教学基本功[J].课程·教材·教法,2004(02):73-79.

[7] 万光明,刘燕.师范类专业口语能力、素质相结合的教学模式探索:以普通话口语与训练课程为例[J].遵义师范学院学报,2019,21(02):126-128.

[8] 武新文."教学简笔画"在教师教育中的意义及有效训练方法[J].学理论,2009(29):140-142.

[9] 黄伟,谢利民.教学机智:跳荡在教学情境中的燧火[J].北京大学教育评论,2005(01):58-62.

[10] 王玲玲,李如密.范梅南教学机智理论探析与启示[J].课程教学研究,2021(10):4-9.

[11] 赵正铭.略论课堂教学机智[J].中国教育学刊,2002(03):43-45.

[12] 赵明仁,王嘉毅.促进学生发展的课堂教学评价[J].教育理论与实践,2001(10):41-44.

[13] 魏善春,林梓媛.培养学生评价素养 推动综合素质评价[J].中国考试,2023(09):1-9.

[14] 施章清.论档案袋评定与学生评价[J].课程·教材·教法,2004(01):77-81.

[15] 肖荣,黄宏新,车云霞.论课堂导入及其设计[J].天津市教科院学报,2001(02):38-41.

[16] 郭海娟.浅谈课堂导入的作用[J].学周刊,2011(02):80.

[17] 魏宏聚,李瑞.课堂导入环节与情感目标达成的分析[J].天津师范大学学报(基础教育版),2011,12(04):29-33.

[18]谢惠.浅析小学语文课堂导入的原则与方法[J].天天爱科学(教育前沿),2023(09):25-27.

[19]王晓雨,罗家贵.不同核心素养下的课堂导入设计[J].中学数学,2023(13):30-32.

[20]戴厚祥.小学数学"生态结构化"新授课教学的思考与实践:走向为学而教的新授设计[J].数学教学通讯,2019(13):5-9.

[21]石敬珠."复习—新授—巩固"三段式课堂教学的新课程内涵[J].教师,2010(13):37-39.

[22]黄婷."双减"视角下的小学数学作业分层创新设计策略[J].亚太教育,2023(14):141-143.

[23]孙金禄."双减"背景下小学数学作业分层设计的策略研究[J].试题与研究,2023(22):51-53.

[24]刘华.小学生作业分层设计与指导[J].中国教育学刊,2014(06):104.

[25]廖兴坤.小学数学课堂作业设计的有效性[J].中国教育学刊,2020(S1):61-63.

[26]刘云.小学数学课堂作业设计与应用分析[J].华人时刊(校长),2023(07):64-65.

[27]李红祥.创设特色作业,打造高效课堂[J].教育家,2023(35):54-55.

[28]冯凯.数学课堂总结"三忌"[J].中国教育学刊,2018(02):107.

[29]童娟.关注课堂总结,培养思维能力[J].试题与研究,2021(35):71-72.

[30]杨毅恒.课堂教学中的课堂总结[J].西部素质教育,2019,5(04):193.

[31]管小冬.浅谈课堂总结环节设计的艺术[J].小学教学设计,2020(Z2):33-35.

[32]罗晓杰.校本教研体制下提升新教师教学反思水平的个案研究[J].天津师范大学学报(基础教育版),2021,22(04):29-34.

[33]缪剑峰.新教师培训需强化实践取向[J].福建教育,2020(18):8-10.

[34]李树国,常荣.改进集体备课操作方式引领校本教研深入开展:关于集体备课的尝试及思考[J].中小学教师培训,2007(05):38-39.

[35]《义务教育课程方案和课程标准(2022年版)》全文.[EB/OL].http://www.sheqi.gov.cn/jjwz/sqxjytyj/ywjy/content_101388.

[36]王荣珍.新教师角色社会化的障碍及对策[J].现代教育科学,2006(10):11-12+39.

[37]章睿齐.教师如何改善与同事的关系[J].辽宁教育,2008(10):12-13.

[38]宋淑玲.构建和谐师生关系的四个原则[J].现代教育,2011(10):31.

[39]卜理敏,王文秋.尊重与平等:正面管教视域下和谐师生关系的建构[J].中小学德育,2023(05):73-75.

# 后　记

　　在编写本书的过程中,编者借鉴和参考了国内外一些知名专家的著作和研究成果,引用了一些教师的案例和文章,在此向所有专家、教师致以衷心的感谢!受沟通渠道所限,我们未能与所有作者都取得联系。敬请相关作者与我们联系,电子邮箱: taolishuxi@126.com。

编　者